华章科技
HZBOOKS | Science & Technology

Token
经济设计模式

叶开_著

TOKEN
ECONOMY DESIGN PATTERNS

机械工业出版社
China Machine Press

图书在版编目（CIP）数据

Token 经济设计模式 / 叶开著 . —北京：机械工业出版社，2018.9

ISBN 978-7-111-60917-9

I. T… II. 叶… III. 电子商务 – 支付方式 – 研究 IV. F713.361.3

中国版本图书馆 CIP 数据核字（2018）第 211988 号

Token 经济设计模式

出版发行：机械工业出版社（北京市西城区百万庄大街 22 号 邮政编码：100037）	
责任编辑：孙海亮	责任校对：李秋荣
印　　刷：北京诚信伟业印刷有限公司	版　　次：2018 年 9 月第 1 版第 1 次印刷
开　　本：170mm×230mm　1/16	印　　张：16.25
书　　号：ISBN 978-7-111-60917-9	定　　价：79.00 元

凡购本书，如有缺页、倒页、脱页，由本社发行部调换

客服热线：（010）88379426　88361066　　　投稿热线：（010）88379604

购书热线：（010）68326294　88379649　68995259　　读者信箱：hzit@hzbook.com

从链改入手，运用区块链技术的信用机器、激励机器、共识机器等，改造企业的商业模式、运营机制和社群生态等，全面升级企业系统，以达成疏通痛点、降低成本、提高效率的目的。

企业链改是个伟大的创意，也是个伟大的工程。它并不像币改那样简单粗暴地吸收资金，也比传统的股改高级，是重塑微观经济基础、促进经济复苏的有效途径。链改需要落地，必须要有经济设计模式。叶开的《Token 经济设计模式》，开创性地提炼出了简单有效的方法，让传统企业链改从此有了依据和工具，是非常有用的参考书，值得大家拥有！

我们希望，通过对链改理论和实践的不断探索，企业能够"强筋健骨"，充满活力，从而实现振兴经济的区块链革命梦想。

——朱幼平　国家信息中心区块链经济学者

该书注重理论与案例相结合，案例典型生动。尤其是对 Token 应场景讲述得非常清晰细致，其中包括设计 Token 需遵循的 12 点原则、Token 与现阶段 39 大行业的结合可行性等，从而使读者获得对 Token 应用的立体感知。该书还特别介绍了 Token 分别作为积分和通证时的概念，分别解释了不同定位下的 Token，对 Token 前后期功能设定和转变提供了明确的方向。

最有价值的部分是书中提出的 Token 设计方案，从战略定位、客户细分、入口场景、资产价值、共识算法、结构治理、经济模型、模式运营八大板块拆分设计任务，给了读者最实用的设计框架。总之一句话，对于 Token 的设计，作者用心研究了理论、创造了模型并充分结合实际案例进行了分析，读此书你必将获益良多。

——陈新兴　大唐云链董事长

作为前期进入区块链和 AI 等新技术行业的投资人，我目睹了叶开教授从传统产业服务转型到区块链科技前沿的过程，他深入币圈、链圈、区块链资本等与业内人士不断进行技术交流研讨，同时深入了解传统产业需求，积极研究探索真正可以初步用于传统产业的 Token 经济模型，用区块链行业的速度将其研究成果归纳成书，从而布道推进 Token 的产业化进程。这需要深厚的经济学基础、金融学功底、产业经验及对这个行业无畏的勇气。叶开教授做到了。翻启此书时，对叶开教授的勤勉、专业与专注的精神十分敬佩。

纵观此书，其提炼总结了 10 种传统产业可能涉及的 Token 经济模型，并巧妙利用一个 Token 模式画布来教你如何分析和设计适合自己产业的 Token 模式，以养老产业等贴近生活及未来趋势且实用的设计案例让传统产业中的初涉者更容易理解。因为有实例参照和模仿，初涉者更容易实现自助式 Token 设计。此书不失为目前阶段市场上难得的一本极实用的区块链 Token 经济模型设计方面的导航书籍。

——赵春玲　加拿大 Nebula AI
全球投资与商业战略总裁 / 原 AIG、BP、Chubb 高管

该书通过对大量区块链项目的深入分析，总结出了 10 种典型的 Token 经济设计模式，尤其对积分模式部分着墨最多，这对于具有该类型改造潜力的传统企业及互联网企业来说都有很高的参考价值。

为了更加系统性地进行 Token 经济设计，该书创造性地提出了Token 模式画布的方法，在纷繁复杂的设计可能性中梳理出核心要点，切实帮助企业决策，具有很强的指导意义。

—— 陈态　链加投行 chainpl.us

设计模式是针对软件中经常出现的问题总结出来的解决方案，很多时候设计模式常常就是被证明过的优秀实践，有经验的开发者遇到这些常见的问题时不需要每一个问题都从头开始，而是可以直接采纳设计模式从而更有效率地解决问题。Token 和 Token 经济的设计在区块链应用中会反复出现，因此将 Token 设计归纳总结为常用的设计模式对区块链应用的开发非常有意义。

—— 冒志鸿　ArcBlock 创始人

我最近半年一直在思考传统行业如何实现数字化转型时。传统行业进行数字化转型，到底转什么？怎么转？我相信读完叶开老师的这本书会很受启发。Token 的本质是权益代表和价值共识。传统行业的各种场景中有大量的"剩余"权益，这些权益一旦流通起来，能够极大地从供给侧改变企业的商业生态系统。

叶开老师通过这本书对这些价值模式进行了系统梳理和总结，这为传统企业高管思考企业的数字化转型提供了模板。和很多从事 Token 经济系统理论研究的学者和专家不一样，叶开老师是真正的实战派，这也是我们邀请叶开老师加入矩阵数字经济智库的原因。我认为这是一本不可多得的好书，传统企业进行数字化转型的法门尽在书中。

—— 张国强　矩阵财经 CEO

Token 有 3 大特性：第一，资产必须数字化、确权并上链；第二，必须加密，防篡改；第三，可流通，实现价值兑换。传统的商业场景中，所有可数字化的资产都可以上链，凡是能在链上流转的资产都可以 Token

化。传统产业要借助区块链实现数字化转型，Token 经济系统设计是关键，也是难点。本书作者结合自己在传统产业多年的实践经验，以及在 Token 经济领域的研究成果，为传统企业的 Token 经济设计提供了系统、科学的指导。

——刘婧雅（秋） 回向基金合伙人

Token 在传统产业中有很多应用场景，可以预见，越来越多的 Token 经济模式将会涌现，大多数公司将对其资产进行通证化。通证化必定会刺激经济增长，随着通证经济的发展，很多通证化后的资产将被重新评估。这本书以传统产业的 Token 经济设计为切入点，首先教传统企业进行自我诊断（是否能发展 Token 经济），然后给出了 Token 经济设计的方法论和工具（画布），以及 10 大类常见的设计模式。对于所有想了解 Token 经济的读者来说，鱼渔双授，强烈推荐。

——隋魏征（Frank Sui） 容铭投资合伙人

Token 是区块链的灵魂，我们通过对实际落地项目的分析，不难发现 Token 价值稳定的核心在于其拥有较多的使用场景，能够通过场景消耗来带动 Token 升值，那么 Token 的经济模式设计就显得尤为重要。但在中国乃至全球，能够提出符合具体商业场景的 Token 经济模型的书籍少之又少。叶开的这本书提出了 Token 化的评估条件及设计模式，并配有大量案例解析，对现有区块链项目改良具有很好的借鉴作为，为传统产业及互联网企业步入区块链提供了参考。

——李曌 链捕手创始人

区块链的信任从何而来？依托于技术，凝聚于共识。Token 经济需要解决的首要问题就是如何在生态中构建共识，实现共识。本书贯穿多个现实场景，细数了当下 Token 经济设计的模式及其内在逻辑，接地气，有干货。

——李学宾 金色财经 COO

区块链技术正向人类社会的未来滑翔，Token 经济就是呈现在我们面前最深邃的一片谷地。如果说，中本聪探索了对自由的渴望，Token 经济就给了这种自由着陆的点，因为它能促使个体重新凝结，能激发出前所未有的生产力势能。于是，"人类"不再是一个想象的共同体，而是真正成为"每一个个体"的拓荒者乐园。可惜很多人对这种伟大的裂变一知半解，本书系统、简洁、实用，又不乏优雅的哲思，正好填补了认知的空白。

——劳佳迪　45 区创始人 / 区块链生活方式布道者

Token 经济设计模式，以"发现问题 - 分析问题 - 解决问题 - 实例分析"的思路展开，书中涉及的 10 大模式，每一个都配有案例讲解，同时每一个都可独立成为一个行业的解决方案，具有很强的参考性和可操作性。

可以说，作者对 Token 经济的理解非常深入和独到。本书无疑为目前正在苦苦思索和寻求"区块链 + 产业"出路的用户提供了答案。

——汪洋　极部落创始人

越来越多的传统产业开始布局区块链，Token 也越来越受关注，因为 Token 是传统企业区块链转型的关键。目前关于区块链的书很多，在这本书之前，我还没看到一本专注解释 Token 的设计、实现和治理的书。要了解区块链，了解 Token 才算真正入门。

——景琦　圆石财经总编

未来基于区块链的分布式商业会打破现有市场生产消费结构的固有枷锁，释放更巨大的创新潜能，重构市场价值。基于区块链的 Token 化运营，改变的是体制和生产关系，其会将一个中心化机构的私有者转变为机构合伙人，这不仅改变了原有的协作方式，也降低了价值实现和变现的准入门槛。而其中 Token 经济设计尤为重要：基于现实资产上链，锚定，从而催化 Token 原生价值，实现整个生态体系的正向激励循坏。

该书由浅入深地介绍了传统行业区块链 + 的必要性程度，以及 Token 化经济模型设计的原理。对于区块链这个新兴技术而言，这样一本大众都能看得懂的 Token 经济知识读物着实可贵，其真正为区块链回归主流市场做了贡献。强烈推荐！

——Violin Wang　Krypital Group　金氪资本联合创始人 / 首席运营官

这是一本工具类的书，对于区块链创业者来说很有价值，可以让你少走一些弯路，少听一些"专家"的建议。

——潘海祥　耳朵财经创始人

该书从理论上详细阐述了传统产业 Token 的设计模式，并提炼出 10 大模式，从多个方面结合实际案例指导读者设计 Token。本书作者理论功底扎实，著作结构严谨，行文流畅，可为读者拨开迷雾、理清思路、打开数字加密世界的新大门，并为传统产业的创新和发展助上一臂之力。

——沈忱　理财专修学院区块链研究所所长 / 区动力商学院创始人

元道

中关村区块链产业联盟理事长，清华大学互联网产业研究院理事

从产业的角度来看，互联网和区块链是两个并行的世界，在互联网世界里是企业上网，在区块链世界里是行业上链。互联网的演变逻辑和规律在区块链时代仍然适用，互联网最终会走向互链网。

谈到区块链，无可避免地会谈到通证（Token）和通证经济。通证经济，需要进行经济模型设计和治理模型设计。通证经济体，也就是每条公链是一个独立品牌的通证经济体，该经济体拥有自己的本位价值符号，拥有多阶、多维、多态的通证，还拥有自己社群独有的治理理念、治理结构和治理体系。

通证经济会推动新一代的全球数字经济往前走。今天的数字货币和高阶、低阶的通证都是支持全球新一代数字经济的核心动力。

有共同的价值理念和原则的通证经济集合会孕育出新的公链共同体。作为区块链行业和通证经济行业中的组织之一，中关村区块链产业联盟在推动两项工作：

- 一个是硬的，即基础设施，比如区块链时代的 5G 和边缘计算；
- 一个是软的，即通证经济，比如行业上链、社区自治、行业领袖。

我们就此发起了"50 个行业通证经济领袖行动计划"，目的是推动中国实体经济与区块链的深度结合，希望能够实现四个方面的目标：

- 50 个行业通证经济精英齐聚；
- 共同探讨并完善通证经济理论；
- 并肩创建通证经济应用实践；
- 携手打造通证经济基础设施。

叶开的《Token 经济设计模式》一书对产业 Token 经济的阐述和理解，进一步验证了通证派的核心主张：传统产业的区块链项目都要考虑通证，没有通证经济体系设计的区块链项目不会成功；区块链要结合实体应用为实体经济提供助力；任何一个通证背后都是一个新生金融形态，不要企图简单地套用今天的金融制度和框架。

因为通证经济还处于非常早期的阶段，可供借鉴的模式和方法极少，所以通证经济的实践和落地非常困难。

对于企业而言，首先应该从原理上透彻理解通证和通证经济，然后摸索出自己所在行业的通证经济设计模式。目前，绝大多数企业都不具备这个能力。叶开基于他十数年在传统产业的服务经验，从传统产业的资产模式和实际业务场景入手，提炼出了简单易懂的 10 大模式，并且针对每个模式进行了详细定义和业务模式分解、Token 模式设计拆解，并辅助以实际案例的参考和点评，这样便于传统产业参考和模仿，让传统产业可以简单、快速、直接地进入通证经济的改造设计中。

然而，通证经济的模式不是一成不变的，它需要随着公司业务的调整和整个行业的变化而不断进化。所以，只吃透《Token 经济设计模式》中的 10 大模式是不够的，企业还必须掌握通证经济模式设计的工具和方法。叶开设计了一套 Token 模式画布，通过这套画布，可以帮助传统企业分析、描述、设计 Token 模式，从战略定位、客户细分、资产价值、共识算法、入口场景、经济模型、结构治理和模式运营 8 个维度来分析传统产业的业务需求和场景逻辑，从而更好地设计出适合自己的通证经济。

叶开是特别了解实体经济的人，对实体经济有自己的深刻理解，这本《Token 经济设计模式》是一本很实用的参考指南。我们可以联合起来一起扶持传统产业，设计出更多的产业通证和优质项目，共同推动通证经济在实体经济落地。我们也欢迎更多的通证经济精英与我们一起共同推动通证经济的发展，推动公链共同体的形成。

推荐序二

袁煜明

火币区块链研究院院长、公链事业部总经理

区块链自 2017 年年底以来出尽了风头，成为科技圈最热的话题之一。不过随着各种数字资产的市值缩水，越来越多的人开始将目光转向区块链技术本身与 Token 通证经济的潜力。当前，社会各界仍对区块链与数字资产存在广泛误解，例如"区块链的真实应用价值在哪里？""区块链唯一的应用就是开大会和拉微信群"等舆论意见层出不穷。在这种大背景下，叶开老师的《Token 经济设计模式》应运而出，深入浅出地探索了如何让区块链技术与 Token 超出现有应用场景，真正服务于实体经济，并最终落脚于传统企业 Token 化改造的经济模型设计上。

叶开老师的这本著作高屋建瓴地阐述了区块链与 Token 的基本含义，并从宏观上概述了产业可以如何被基于区块链技术的 Token 所改造优化。随后，不同于目前区块链圈内一些"泛泛而谈"的区块链可以无缝改造一切传统行业的思想，叶开老师采用了正面强攻的方式，全方位、宽领域、多层次地透彻分析了包括食品、服装、印刷、化工等行业在内的 39 个传统行业，并从共识公平重要性与分布式去中介化必要性两个层面出发，创造性地提出了 Token 经济设计的产业评估矩阵。通过这套工具，读者与区块链从业人员可以方便快捷地进行模板化思考与套用，从而极大方便了后续 Token 化改造的工作，也为人类社会迈向数字世界提供了助力。

在搭建了完整的区块链 + 世界观之后，叶开老师继续深入探讨了 Token 设计方法论层面的诸多细节。叶开老师不仅对 Token 的分类与设计体系框架提出了自己的全新思考，还归纳总结了 10 大类 Token 设计模式，包括货币类、溯源类、积分类等。每一类设计，叶开老师均给予了详细的考察与分析，并最终落脚于实践设计，给出了当前较为典型的 Token 项目供读者加深理解，学以致用。最后，叶开老师对以太坊网络与通证生成等技术问题进行了一定的阐述，为读者扫清了相关的阅读障碍与理解门槛。

作为最先一批读到这本著作的从业者，我深感区块链行业的变化之快与我们手头可做工作之多。基于叶开老师在书中的很多观点，区块链与 Token 完全可以最大限度地服务实体经济，在新常态、去杠杆的背景下让国民经济保持活力，持续健康发展。

我们火币区块链研究院也一直在进行相关问题的研究和探索，并于今年（2018 年）4 月份提出了基于供给的区块链商业模式设计，包括设计的 10 个原则。在通证怎么来方面，提出了 0-2 级分配体系；在通证怎么用方面，提出了 5 种低阶权利与 7 种高阶权利。与此同时，火币也已经发起并成立了由火币 Labs 作为具体运营支持方的"区块链 + 产业联盟"，为更好地服务实体经济，促进区块链与各产业的深度融合而努力。我们希望日后与叶开老师能有更多探讨与合作，共同为区块链服务实体经济而贡献力量，在此我们也号召全社会的有识之士加入进来，共同探讨区块链 + 的发展之道。

推荐序三

朱思行

山行资本合伙人

叶开是我五道口首金班的同窗，因上课时听讲认真、笔记详尽、思辨深入、问答精彩，班里同学都亲切地呼之为"教授"。从十多年前，他就立志搭建新经济与传统行业间的桥梁，多年来一直奔走布道，著述等身，和很多新老企业家形成了亦师亦友的关系。

过去两年，我们同窗学习，也不时闲聊两句区块链、加密币。他虽不入割韭菜江湖，但对区块链推动实体经济发展一直抱有执念。琢磨经年终又成了一本书，着实令我敬佩。拜读之后，我不免又和他开玩笑："山东人的憨直、书生的较真，从纸上的铅字间冒出来，灌了我满眼……"

从人性的角度看，加密币泡沫的低潮期可能恰恰是区块链技术得以更广泛应用的螺旋式上升过程中的必经一阶。本书恰恰踩中了历史的节点，而其价值估计要多年以后才能得以显现。

对于想探索资产上链的读者，我推荐叶开的这本书，读之于枕上、厕上、车上，应能激起思维的火花，带来贯通的快感。

王润

全球前十大交易所 生态投资经理

2008 年中本聪发表了《一种点对点的电子现金系统》白皮书，该白皮书中所说的系统能够不依靠任何中心化的组织即实现一方向另一方支付，这让原来需要通过中介才能实现的信任变得毫无必要，因为只要采用区块链技术，人们就可以不通过中间方进行自由交易。经过十年的发展，在全球由"信息互联网"向"价值互联网"迁移的大潮中，比特币逐渐被大家认可与接受，其底层的区块链技术也开始广泛应用于各个领域。在这个区块链网络中，连接生产者、需求者和投资者的核心就是 Token。可以说 Token 是区块链技术中最巧妙的实践，也可能是近百年来最令人激动与惊叹的创新。Token 不仅满足了整个区块链网络的需要，某种意义上更是满足人性的需要。如果说人工智能是在提升效率、提升现有世界的生产力，那么区块链就是要改变生产关系，改变人与人合作的关系、人与人的信任的关系、人与人沟通的机制。区块链通过对生产关系的变革，可让进步的成果惠及更多人。

传统经济生态的核心载体是股票，反映到区块链领域就是 Token。理解 Token 经济，首先要了解 Token 与股票的区别。股票对应于公司资产的收益权，公司发行、出售股票相当于将自身的资产变现，投资人基于对公司资产增值的预期买卖股票，所持股份大小决定了个人对公司的所有权和投票权的大小。在区块链的世界里，Token 是去中心化的设计，用密码学保障其安全性，从身份证到学历文凭，从货币到票据，从门票到积分，从股票到债券，都可以用 Token 来代表。因此，Token 是一种比股票有更大应用范围的设计，能够引发生产力与生产关系的变革。

Token 经济首先激发了经济主体对个体的激励，而激励正是一切经济行为的归结点。Token 比股票更容易在早期获得，从而提高了个体的潜在收益；Token 也比股票更容易激发个体对项目的热情，让少数人的共识起到更大的作用。叶开老师的《Token 经济设计模式》是对个体激励模式的解答，通过个体激励来实现生产力的提高。

Token 经济也引发了生产关系的变革。企业的重要功能之一是降低交易成本，而区块链去中心化机制能使交易成本显著降低。个体的分工在项目中将不再那么明确，每个个体通过 Token 经济与项目方共担风险，他们也能为项目创造更大价值，他们与项目方共建生态，同时也共享收益。通过 Token 建立的新生态才是对生产关系的变革。

Token 经济能否颠覆现有经济模式有待验证，但它带来的变革值得每一位经济参与者思考。目前，Token 经济是区块链领域的基本共识，但是尚未在传统经济领域真正落地。本书通过探讨 Token 经济在传统经济领域的应用，来驱动区块链产业的技术创新和应用落地，这对区块链赋能实体经济来说具有前瞻性与借鉴意义。

十年前，电子商务带给我们的冲击，正如同现在区块链带给我们的冲击。那时候，电子商务的先烈们推销着网页目录、商城及搜索目录，传统企业和投资者都觉得是天方夜谭；现在，区块链的先行者们在热火朝天的币圈或者链圈里翻滚，传统企业和投资者又觉得是天方夜谭。然而，就是在这样的困惑中，时代却已经变了！

如今，区块链让这个世界躁动起来，数不清的关于币、链的模式涌现，不仅是传统企业，连移动互联网也已成为古典互联网模式。

回到十年前电子商务对传统企业颠覆的时期，那时候阿里、亚马逊等电子商务模式，让传统企业一片哀号，似乎马上会被电子商务降维干掉。然而在前几年的一败涂地之后，传统产业开始融合电子商务进行反击，电子商务也开始融合线下传统产业进行流量拓展，这就形成了一个线上线下融合的新趋势。

转回到现在，面对区块链，企业家们分成两大阵营：一派无动于衷，认为还影响不到实体经济；一派积极学习和参与，认为这是颠覆传统经济的重大变革。实际上，还有一批企业家对区块链没有任何认知。

面对区块链，VC投资家们被分为古典投资者和加密投资者，古典投资者对区块链或者数字加密代币依旧无感。然而，北美和欧洲的传统投行、量化基金和家族财富基金等都开始进入区块链领域，互联网巨头们也都开始布局区块链，更有无数的创新者和创业者开始了各行各业的 Token 设计。

各国监管政策对数字加密代币的合规性提出了不同的要求，我国更是对 ICO 发出了禁令，这似乎让传统企业松了一口气："看吧，这是不合法的"。然而，我们在放弃数字加密代币的同时，却不应放弃区块链对传统企业的转型和升级。在这方面，我特别认同身边传统企业的企业家朋友们，他们虽然不懂，但先从了解和体验开始，然后再去探索如何利用区块链。这种企业家的心态和格局，是值得传统企业学习的。

的确，在这股浪潮面前，你可能并不认同这些数字加密代币；你可能对比特币还是不屑，或者刚刚入门了解；你可能还不能想象数字加密世界里的公司或者组织是什么样子，未来的产业模式会是什么样子。不过，不用担心这个未知或者新的数字加密世界，因为本书来了。

本书会与你一起来分析传统企业应用区块链的必要性，会分析企业 Token 的必要性；会分析传统产业的 Token 设计方法论，从 Token 分类到设计的前提和自检问题；会用一个 Token 模式画布来教你如何分析和设计适合自己企业的 Token 模式，也会准备一些设计方法和小技巧来协助你对 Token 进行设计。

我们还将传统产业可能涉及的 Token 模式提炼成为十大类型，在本书中会对每个模式类型进行详细定义、业务模式分解、Token 模式设计拆解，并辅助以案例参考。传统产业可以进行参考和模仿，实现自助式 Token 模式设计。

最后，本书围绕 Token 的实现，分析 Token 的标准协议、Token 的金融衍生、Token 的合规治理以及 Token 的设计原则，为传统产业进行 Token 模式设计提供全面的参考。

一本通用的 Token 模式手册虽然重要，但最关键的还是作为传统企业家的你，在此次变革中，你是创新者，还是跟随者？或者只是观望者？

无论如何，有我们与你同行！

传统产业的区块链升级，即将进入到一个"产业 Token、数字加密代币、数字法币"三位一体的产业 Token 经济模式，这是一种区块链速度，每一个忽视或者犹豫的人都会被落下。本书的写作也是秉承了一种区块链速度，虽然最近这两年多一直从事农业和传统产业的区块链转型升级实践，却从未想过付之以书，但是在一次 Token 经济讨论后，机械工业出版社杨福川老师鼓励我用两个月时间写一本这方面的书，这才促使我用两个月的整理和半个月的闭关冲刺，体验了一次区块链速度的著作经历。虽然基于之前深厚的实践基础，但毕竟比较仓促，个人水平有限，会有大量的不足之处，请读者朋友们批评指正。

在此，要特别感谢温家珑先生（林达控股董事局主席、智伟龙实业集团董事长、金至尊实业董事长）。他在传统产业围绕金融资本市场和市值管理方面的丰富经验、香港证券市场与海外市场的实践实操方面，给我很多启发，这成为本书产业 Token 模式中不可或缺的 OIO 部分。

同时，也要感谢清华五道口金融学院产融 CEO 班的同学们。在与他们共同学习、走访和讨论过程中，让我开拓了思路，真正多维度地深入探索了传统产业与金融、与区块链的结合。

还要感谢汉拓云链团队的小伙伴们。他们一直奋战在农业、传统产业的积分数据等区块链的设计、研发上，他们在联盟链和公链、DApp 等的摸索和实践上不断深入，并不断与我的 Token 经济模式设计进行碰撞和验证，逐渐梳理出产业 Token 经济模式和区块链实现架构。

当然还要感谢机械工业出版社的杨福川老师和孙海亮编辑，不是杨老师的鼓励，我不可能以区块链速度呈现出这本针对产业 Token 经济模式的著作；没有孙海亮编辑同样以区块链速度展开的编审工作，也不能这么快为读者呈现出这样一本切合热点的著作。

最后，感谢每一位关心传统产业、关心区块链的读者朋友们，有你们，这本书才有存在的意义！

目录

| 第1章 |

产业区块链

第 1 节　区块链的通俗解释

一个流传于朋友圈的区块链故事改编版：

假如你是一位女性，在某年某月某日的某个晚上，你男朋友跟你说了一句"我爱你一生一世"，你、你男朋友、这句话与说这句话的场景等信息，加上时间戳打包起来形成一个结构化的信息包，这个信息包就叫"区块"。

然后你把这个区块陆续发给了你的闺蜜、爸妈，并发到了朋友圈、公众号、微信群等处，这个区块在闺蜜处记录为区块 1，在爸妈处记录为区块 2，在朋友圈记录为区块 n，还有公众号、微信群这些记录的节点合起来就是"链",他们共同作证让你男朋友再也无法抵赖,这就是"共识"。

你打赏点小费感谢他们给你记账并作证,这个小费就是"数字代币"。

你男朋友很期盼成为你的"老公",这个身份就是"Token",因为唯一性而且很多人抢,你男朋友需要用戒指车子房子等不断加码升值来持有这个 Token。

当你男朋友的物质和精神层面满足了丈母娘和你设定的条件后你们就可以领证,这是"智能合约"。

有一天孩子出生了,这就是链的"分叉",新的分叉如果增值很快会使主链也增值。

如果你男朋友某天不承认说过这句话,你可以从闺蜜、爸妈、朋友圈、微信群等处将这些"分布式账本"翻出来,用一个个区块来对质和批判,把他臭骂一顿。

这样你男朋友的这个节点就有了不可篡改的黑名单不良信用,如果在网络更大的情况下他可能永远也找不到女朋友了。

上述故事形象地展示了区块链的应用过程。

第 2 节　通 用 术 语

为了帮助读者重温和加深对区块链基础知识的理解,本节整理了一些常见的区块链通用术语,作为思考产业区块链前的热身。

1. 区块链（Blockchain）

区块链结合了分布式数据存储、点对点传输、共识机制、加密算法等计算机技术,基于密码学的可实现信任化的信息存储和处理的结构与技术，是一个共享的分布式账本，其中的交易通过数据块永久记录，所有交易的历史记录包括从最早发生的块到最新的块，因此称之为区块链。

2. 区块（Block）

区块是在区块链网络上承载永久记录的数据文件的数据包。一个区块是最新比特币部分或全部交易的记录集，且未被其他先前的区块记录。

3. 区块头（Block Header）

区块头里面存储着区块的头信息，包含上一个区块的哈希值（PreHash），本区块体的哈希值（Hash），以及时间戳（TimeStamp）等。

4. 链（Chain）

链是一段时间内发生的事务处理以区块为单位进行存储，并以密码学算法将区块按时间先后顺序连接成链条的一种数据结构，是区块交易记录及状态变化的日志记录。

5. 分布式账本（DistributedLedger）

分布式账本是数据通过分布式节点网络进行存储，由分布式节点联合维护的去中心化（或多中心化）的账本记录平台。它是一个通过共识机制建立的数字记录，区块链网络中的参与者可以获得一个唯一、真实的账本的副本，因此难以对分布式账本进行篡改。

6. 创世区块（Genesis Block）

创世区块是区块链中的第一个区块。创世区块一般用于初始化，不带有交易信息。

7. 哈希值（Hash）

哈希值也称为"散列"，其是一种将任意长度的二进制值映射为较短的固定长度的二进制值的算法。哈希值通常用一个短的随机字母和数字组成的字符串来代表，如果通过哈希一段明文得到哈希值，哪怕只更改该段明文中的任意一个字母，随后得到的哈希值都将不同。

8. 时间戳（Timestamp）

时间戳从区块生成的那一刻起就存在于区块之中，是用于记录交易时间的字符序列或编码信息，具备唯一性。时间戳用以记录并表明存在的、完整的、可验证的数据，是每一次交易记录的时间认证。

9. 加密算法（Encryption Algorithm）

非对称加密算法是一个函数，通过使用一个加密钥匙，将原来的明文文件或数据转化成一串不可读的密文代码。加密流程是不可逆的，只有持有对应的解密钥匙才能将该加密信息解密成可阅读的明文。加密使得私密数据可以在低风险的情况下，通过公共网络进行传输，并保护数据不被第三方窃取、阅读。

10. 数字签名（Digital Signatures）

数字签名是一种使用了公钥加密领域的技术实现的签名，用于鉴别数字信息和身份确认。数字签名是一个独一无二的数值，若公钥能通过验证，那就能确定对应的公钥的正确性，数字签名兼具可确认性和不可否认性。

多重签名（Multi-Signatures）意味着在交易发生之前需要多个签名或批准。多重签名会提高加密货币的安全性，这样一个人就不能在未经他人同意的情况下把所有的数字货币都拿走。

11. 加密货币（Cryptocurrency）

加密货币是数字货币（或称虚拟货币）的一种，是基于密码学的、不具备物理形式的货币，在区块链中是指一种"基于 P2P 网络，没有发行机构，总量基本确定，依据确定的发行制度和分配制度创建及交易，基于密码学及共识机制保证流通环节安全性的，具备一定编程性的数字货币"。

12. 代币 (Token / Coin)

代币可以定义为某种加密货币账户的余额。由于代币与通证的对应英文单词皆为 Token，所以 Token 实际上既包含代币也包含代金券、证券、通证等概念，代币对应的准确英文单词为 Coin，在区块链领域中与"支付通证"具有相同的意义。

13. 中本聪 (Satoshi Nakamoto)

自称日裔美国人，是比特币的发明人或发明组织，真实身份未知，"中本聪"可能是个化名。中本聪于 2008 年发表了一篇名为《比特币：一种点对点式的电子现金系统》(BitCoin:A Peer-to-Peer Electronic Cash System) 的论文，描述了一种被称为"比特币"的电子货币及其算法，被视为是区块链的第一个成功实践。

14. 比特币 (BitCoin / BTC)

比特币 (BitCoin) 的概念是由中本聪提出和实现的基于区块链思想的数字货币技术，是一种点对点的、去中心化、全球通用、不需第三方机构或发行商、基于区块链作为支付技术的加密货币。比特币不依赖中央机构发行，而是通过工作量证明共识机制在区块链中完成，也就是俗称的"挖矿"。比特币使用整个 P2P 网络节点的分布式数据库来确认、验证及记录货币的交易。比特币的发行总量为 2100 万枚，目前市面上的流通量已经超过 80%。

15. 以太币 (Ether / ETH)

Ethereum(以太坊) 是一种开源的、图灵完备的智能合约公有区块链，基于区块链账本实现合约的处理和执行，使得任何人都能够创建合约和去中心化应用，并在其中自定义所有权规则、交易方式和状态转换函数。Ethereum 由 Vitalik Buterin(绰号" V 神") 所创立，以太坊内置名为

Ether(以太币)的加密货币。

16. 共识机制（Consensus）

共识机制是通过分布式节点的投票，在很短的时间内完成对交易的验证和确认。由于点对点网络下存在较高的网络延迟，各个节点观察到的事务先后顺序不可能完全一致。因此需要设计一种对在差不多时间内发生的事务的先后顺序进行共识的机制，这种分布式系统中多个参与节点对一个时间窗口内的事务的先后顺序达成共识的算法被称为"共识机制"。

17. 工作量证明（PoW）

工作量证明（Proof of Work,PoW）是用来确认节点做过一定工作量的证明。比特币在区块的生成过程中使用了 PoW 机制，其需要经过大量的尝试计算来得到求解数学难题的随机数，这样才能验证完成的工作量。简单来说，获得多少货币，取决于挖矿贡献的工作量，电脑算力性能越好，挖到的矿就会越多。

18. 权益证明（PoS）

权益证明（Proof of Stake,PoS），根据持有货币的量和时间进行利息分配的制度。在 PoS 模式下，"挖矿"收益正比于拥有的币龄，而与电脑的计算性能无关。系统会根据节点的持币数量和时间的乘积（币天数）给节点分配相应的权益，拥有代币或股权越多的用户，挖到矿的概率就越大。

19. 拜占庭将军问题（Byzantine Generals Problem）

拜占庭将军问题是指："在存在消息丢失的不可靠信道上试图通过消息传递的方式达到一致性是不可能的"。在系统中存在除了消息延迟或不可送达的故障以外的错误，包括消息被篡改、节点不按照协议进行处理等，将会潜在地对系统造成针对性的破坏。因此对一致性的研究一般假设信道是可靠的，或不存在该问题。

20. 零知识证明（Zero-Knowledge Proof）

零知识证明是指证明者和验证者之间进行交互，证明者能够在不向验证者提供任何有用信息的情况下，使验证者相信某个论断是正确的。

21. 智能合约（Smart Contract）

智能合约是一种以信息化方式传播、验证或执行合同的计算机协议，它将可编程语言的业务规则编码到区块上，并由网络的参与者实施。当一个预先编好的条件被触发时，智能合约允许在没有第三方的情况下进行可信交易，这些交易可追踪且不可逆转。

22. 51% 攻击（51% Attack）

51% 攻击是指利用比特币以算力作为共识的特点，凭借算力优势篡改或者撤销交易记录。当个体或者组织拥有超过 50% 的计算能力时，就可以更快地算出随机数并创建区块，这个个体或组织就可以控制整个加密货币网络，可能实现作恶或者发出一些冲突的交易来损坏整个网络。

23. 双花（Double Spending）

双花，也称双重支付，其是一个故意的分叉，是指具有大量计算能力的节点发送一个交易请求并购买资产，在收到资产后又做出另外一个交易将相同量的币发给自己的行为。攻击者通过创造一个分叉区块，将原始交易及伪造交易放在该区块上并基于该分叉开始挖矿。如果攻击者有超过 50% 的计算能力，双花可以保证在任何区块深度上成功；如果低于 50% 则有部分的可能性成功。

24. 公有链（Public Blockchain）

公有链是指完全开放的区块链，每个人都可以参与到区块链的计算和系统维护中，而且任何人都可以下载获得完整区块链数据即全部账本，任何人都可以通过交易或挖矿读取和写入数据。

25. 私有链（Private Blockchain）

私有链是指仅面向某个组织或者特定少数对象，不对外公开，只有被许可的节点才可以参与并且查看所有数据的私有区块链，私有链一般适用于特定机构的内部数据管理与审计。

26. 联盟链（Consortium Blockchain）

联盟链是公司与公司、组织与组织之间达成联盟的区块链模式。共识机制由指定若干联盟构成共同控制的区块链。联盟链的各个节点通常有与之对应的实体机构组织，通过授权后才能加入或退出网络，参与每个节点的权限都完全对等，各节点在不需要完全互信的情况下就可以实现数据的可信交换。

27. 节点（Node）

节点是区块链分布式系统中的网络节点，拥有区块链分布式参与者操作的分类账的副本。不同性质的区块链，其节点的形成方式也会有所不同，例如，比特币只要参与交易或挖矿即构成一个节点。

28. 全节点（Full Node）

全节点是拥有完整区块链账本的节点，全节点需要占用内存同步所有的区块链数据，能够独立校验区块链上的所有交易并实时更新数据，主要负责区块链交易的广播和验证。

29. 去中心化（Decentralized）

去中心化是区块链最基本的特征，是指区块链不依赖于中心的管理节点，就能够实现数据的分布式记录、存储和更新。

这种现象或结构，出现在拥有众多节点的系统中或在拥有众多个体的网络中，节点与节点之间直接交互，无须通过中介机构，从而实现有组织的系统运行。

30. 去中心化应用（DApp/Decentralized Application）

DApp（去中心化应用程序）是一种开源的应用程序，在分布式网络上公开自动运行，数据加密存储在去中心化的区块链上，以共识算法来产生加密代币进行激励，参与者信息被安全保护并参与系统反馈改进。DApp的本质是智能合约。

31. 去中心化自治组织（Decentralized Autonomous Organization/ DAO）

去中心化自治组织，也可以称为分布式自治组织，是基于区块链的智能合约运行起来的松散自治群体，由计算机网络支持的无中心组织并且没有单一的领导者，是一种自主的或自治的组织结构。可以认为是在没有任何人为干预的情况下运行的公司，并将一切形式的控制交给一套不可破坏的业务规则。

32. 公钥（PublicKey）

公钥与私钥是通过一种算法得到的一个密钥对，公钥是密钥对中公开的部分，私钥则是非公开的部分，公钥通常用于加密会话密钥、验证数字签名，或加密可以用相应的私钥解密的数据。公钥可以算出币的地址，因此可以作为拥有这个币地址的凭证。

33. 私钥（PrivateKey）

公钥与私钥是通过一种算法得到的一个密钥对，公钥是密钥对中公开的部分，私钥则是非公开的部分，私钥是指与一个地址（地址是与私钥相对应的公钥的哈希值）相关联的一把密钥，是只有拥有人才知道的一串字符，可用来操作账户里的加密货币。私钥作为密码，除了地址的所有者之外，都应该被隐藏。

34. 钱包（Wallet）

钱包是一个包含私钥的文件，它通常包含一个软件客户端，允许访问查看和创建钱包所涉及的特定区块链的交易。加密货币钱包形式多样，使用者可以通过钱包检查、储存、花费其持有的加密货币资产。

35. 超级账本（Hyperledger）

超级账本是 Linux 基金会于 2015 年发起的推进区块链数字技术和交易验证的开源项目。通过创建通用的分布式账本技术，协助组织扩展、建立行业专属应用程序、平台和硬件系统来支持成员各自的交易业务。

36. 主链（Main Chain）

主链一词源于主网（Mainnet，相对于测试网 Testnet 而言），即正式上线的、独立的区块链网络。通常区块链，尤其是公有链都有主网和测试网。主网是区块链社区公认的可信区块链网络，其交易信息被全体成员认可。有效的区块在经过区块链网络的共识后会被追加到主网的区块账本中。

37. 侧链（Side Chain）

侧链是主链外的另一个区块链，锚定主链中的某一个节点，通过主链上的计算力来维护侧链的真实性，实现比特币或其他加密货币在多个区块链间的转移，这就意味着用户在使用已有资产的情况下，可以访问新的加密货币系统。

38. 闪电网络（Lightning Network）

闪电网络是一种允许加密货币的交易即时发生和降低成本的技术，目的是进行安全地链下交易，其本质上是一种使用了哈希时间锁定智能合约来安全地进行零确认交易的机制，通过设置巧妙的智能合约，使交易双方在区块链上预先设置的支付通道进行的多次高频的双向交易可以瞬间完成，从而通过链外的微支付通道来增大交易吞吐量。

39. 跨链技术（Cross-Chain）

跨链技术是实现区块链之间互联互通的技术，可以理解为连接各区块链的桥梁，其主要应用是实现各区块链之间的原子交易、资产转换、区块链内部信息互通，或解决 Oracle 的问题等。

"如果说共识机制是区块链的灵魂核心，那么对于区块链特别是联盟链及私链来说，跨链技术就是实现价值网络的关键，它是把联盟链从分散单独的孤岛中拯救出来的良药，是区块链向外拓展和连接的桥梁。"——《连接不同区块链的跨链技术介绍》。

40. 分叉（Fork）

分叉是指在区块链中，当矿工挖矿时发生了同一时间内有两个区块同时被生成的情况，即在全网中出现两个长度相同、区块里的交易信息相同但矿工签名不同或者交易排序不同的区块链的情况。

区块链发生永久性分歧，在新共识规则发布后，部分没有升级的节点无法验证已经升级的节点生产的区块，这是硬分叉。

当新共识规则发布后，没有升级的节点会因为不知道新共识规则，从而生产不合法的区块，这样就会产生临时性分叉，这是软分叉。

41. 挖矿（Mining）

挖矿是指利用算力计算、记录和验证区块链交易记录信息的行为过程，验证的必要性通常以货币的形式奖励给矿工。矿工通过挖矿求解数学难题从而获得创建新区块的记账权以及区块的比特币奖励，由于其工作原理与矿物开采十分相似，故称之为"挖矿"。

42. 矿工（Miner）

矿工是指参与挖矿的人或组织。在区块链网络中，矿工是指通过不断进行哈希运算来求解数学难题并产生工作量证明的各网络节点，通过算力来验证、确认交易并防止双重支付。

43. 矿池（Mining Pool）

矿池是一个全自动的挖矿平台，采用团队协作方式来集中算力进行挖矿，使得矿工们能够贡献各自的算力一起挖矿以创建区块，获得区块奖励，并根据算力贡献比例分配利润，对产出的数字货币进行分配。

矿池是一个完全节点，通过一种将少量算力合并联合运作的方法，整合区块链网络中的零散算力，并在所有成员中共享奖励。

44. 矿机（Mining Rig）

矿机是用来记录和验证区块链交易记录的计算机或设备，通过共识机制（比如 PoW）争夺区块链的记账权，得到加密货币奖励以及交易费用。矿机是为了挖矿而设计的，一般会配备专业的挖矿芯片、GPU、FPGA、专用软件等，耗电量较大。

45. 客户身份验证（KYC）

KYC 是 Know Your Customer 的缩写，意思是了解你的客户，即客户身份验证，国际《反洗钱法》条例中要求各组织要对自己的客户进行全面了解，以监测和及时发现商业行为中的不合规行为和潜在违法行为。

第 3 节　产业区块链

相对于传统互联网和移动互联网来说，区块链是一个价值互联网。在区块链上，对个人价值重新定位，用产业价值产生价值共识。它意味着一种新的生产关系，IoT、大数据、人工智能等促进生产力得到飞跃式发展，而旧的组织形式、既得利益集团和分配模式等传统生产关系则越来越不匹配新的生产力水平。

最近数字加密货币（俗称"币圈"）受挫的各种消息，尤其是监管方面的压力，导致币圈进入熊市并下行到一个低谷；但区块链应用（俗称"链圈"）或许会在融合了低谷的币圈后开始逐渐反弹。预计到 2018 年下半年，币圈将集体跑步进入传统产业，其次是传统产业开始照猫画虎进行模仿用"链 + 币"来升级产业，这种现象可以称为"产业区块链"。产业区块链与空气币的最大区别是，它是与传统产业的实物资产（real assets）或者实际产业相结合的，用区块链改变产业链，用货币化激励经济生态。

1. 传统产业的数字化过程

我们先来看一下近十年的传统企业在数字化转型过程中的几个大阶段：

第一阶段是电子商务，通过互联网和电子商务，实现产业能够上网，商品可以网上销售，采购供应物流服务等都可以通过互联网实现。这个阶段差不多有 5～6 年的时间。

第二阶段是 O2O 线上线下融合，传统企业开始重视线上和线下融合，不仅仅是电子商务与线下生活相结合，线下零售也开始升级为新零售，将人货场等全部数字化。这个阶段差不多有 3～4 年的时间。当前传统企业正在向新零售深化转型中。

第三阶段是区块链，传统企业要在互联网的基础上，去中心化的同时去核心企业化；要在数字化的基础上，将数字化的产业资产货币化，进一步打造产业区块链。

这个跨度接近十年，传统产业在这三个阶段中都进行了革命性的转型升级。对于传统企业而言，以往都是这样的套路：通过电子商务和 O2O、新零售，将企业的全部内容都数字化；数字化后，努力创造新的价值，寻找合适的渠道进行变现，然后基于这个价值变现的场景进行融资，这个过程通常漫长且辛苦。而现在，第三阶段的区块链则革命性地变为了直接融资，而且是预融资，直接基于企业的产业资源、产品预售、未来权益等进行货币化，从而可以快速有效地支撑和促进产业的发展。

2. 传统产业的"产业链 + 区块链"

一个传统企业要想做区块链，如果体量太小则不容易形成持续的链条优势，所以最好的模式是推动一个传统产业来做产业区块链。而以往的传统产业，因为涉及企业之间的联合和利益，分分合合很难形成真正高效而紧密的产业链，大部分产业链都是围绕核心龙头企业来建立的"M+1+N"产业链模式，龙头企业是产业链中心，盘剥链内的中小企业利益。

除了上下游垂直纵向的产业链，想做个横向的同行业的产业联盟平台也非常难，大大小小的企业老板都不愿意来联盟，因为加入联盟就意味着要共享自己的资源。即使是大部分企业都纷纷通过电子商务或 O2O 实现了自己企业的数字化，但产业如何链起来一直是个大问题。

而如今，区块链的货币化、分布式、弱中心化和产业共识是传统企业建立真正的产业链的核心。这些核心特点就像点豆腐的卤水一样，借助区块链以及币圈的这个风口，可能一下子就激活了原本不太可能的产业联盟，形成一个基于产业共识协议的虚拟协同组织——产业区块链平台。

区块链对于产业的意义首先就在于货币化，因为大部分传统企业在融资渠道方面是贫乏或薄弱的，又或者被间接融资折磨太久了，导致货币化的直接融资非常有吸引力。区块链的分布式、去中心化有助于真正的产业链形成，尤其是形成产业共识。区块链也可以促进新的组织形式出现，而不是传统的核心企业"1+N"模式，并有可能赋能于个体，让个体成为一个小生态的经营体。同时，区块链可以支撑产业在共识的基础上建立自己的交易市场，促进流通和信用共享。

区块链的分布式和去中心化，可以让产业链中的每个企业都保持独立性，而且保证数据和业务还是各自独立的，没有了中心化的龙头企业和中心化的产业系统平台，产业的公共账本是分布式存储和加密的，不能篡改，也不分企业的大小或者产业位置。

产业中不同企业之间的提防和不信任，相当于一个陌生人网络，可以据此建立起一个对共识算法和代码敬畏的产业链，对 KYC 节点认证，对共识代码、智能合约等形成产业共识。

区块链产业链是公平和普惠的，不唯大企业或核心企业为重，而是将产业的权益／收益基于共识货币化，再小的企业也可以通过货币化直接融资或进行流通、交易交换，也可能获得产业链内的激励。

形成这样的产业区块链后，整个产业的边际成本下降，边际收益增加，产业链内的交易成本趋向于零，产业内的信任变为共识进行货币化，从而可以进行产业链内支付结算。产业自治基于共识代码的标准，基于智能合约或者货币化的经济模型，促进形成良性循环的产业链经济生态圈。

3. 传统产业的产业共识

我们做了十几年传统企业的转型服务，无论是消费者、互联网、O2O、新零售还是产业金融，大部分服务的都是大型集团企业，这些企业思考的产业链的升级，就是如何利用自己核心龙头企业的位置，在上下游企业中建立更加核心的位置和更加赚钱的产业金融。而一些大中型企业，因为不是核心龙头企业，所以它们思考产业升级的目标之一就是借新的趋势风口，打造一个整合优势资源的平台公司，这些企业自己虽然不够格作为龙头，但是可以在上下游企业或者横向的产业企业中整合并购，达到可以上市或者成为一个新龙头企业的结果。这些都还是传统的中心化思路。

区块链的出现，对于传统产业的企业来说，除了产业链内的资产数字化和货币化，还可以基于共识建立一个虚拟的基于共识协议的区块链组织，这是去中心化的虚拟产业组织的思路。在这个组织内，不论企业的规模大小和以往的成功失败，只是基于产业共识对新的资产（产业 Token）进行重新分配和货币化，而这个 Token 或 Token 的代币就是产业链内的货币；传统行业中的很多问题，基本上都可以在这个模式中得到比较彻底地解决。所以，传统产业的区块链，一定不是一个企业搞一个，而应该是一个产业搞一个。

前面说过的产业共识和公共账本，实现了部分需要在产业链内共享的资产或数据的透明化，资产和奉献都直接货币化，产业链货币的支付结算让交易成本趋向于零，可以引导资源配置更加高效和合理，去掉了对核心企业的依赖导致更加公平普惠。在区块链的侧链上可以建立专属的产业链，基于本产业的行业特点和业务属性建立产业的专属链，实现票据、订单、仓单等的数字化和证券化，进而实现收益权的货币化，为节点企业提供更加直接便捷的供应链金融和直接融资。同时，产业链面对的消费者，既是最终消费用户，又是投资者。

4. 传统产业的产业区块链

产业区块链不仅仅赋能给企业，也为个体进行赋能，让个体通过分布式和货币化的区块链特点成为一个个体经营体，通过共享模式形成个体的虚拟平台组织，参与到产业区块链。无论是企业的销售员还是服务兵，都可以作为一个分布式的个体节点参与到销售平台或服务平台的公共账本和货币化中；微商直销的每一个成员，共享服务的护理员、家政员、专车司机等，都可以参与到产业链中来。这些个体被赋能以后，有了参与公共账本、产业共识和货币化的机会，有了激励机制，他们的能量会被挖掘和放大，发挥出与传统企业环境中完全不同的价值。

由于产业区块链是基于产业共识的，所以对资产的定义和货币化、共识信用的流通、公共账本的共享等都是在产业内循环，出到链外就很难被认可，所以产业区块链需要建立产业交易市场，对资产 Token、货币化 Coin、专属链内的票证、上链的金融资产等进行交易、交换和流通。

围绕传统产业的区块链发展总结下来，编成了一个"五个一"顺口溜，如下所示：

一个产业建一条链，一条链建一个产业共识，一个产业共识建一个 Token，一个 Token 建一个交易所，一个交易所教育一批投资人。

由于传统产业的特殊性，区别于币圈的套路，因此这五个"一"也各有不同。

（1）一个产业建一条链：是指一个传统产业适合建一条产业区块链，看谁有先发优势，或者说有多条链的产业最终会归并到一条有产业优势的链上。

（2）一条链建一个产业共识：是指一个传统产业的区块链，需要在产业链上下游的企业、节点或消费者的基础上，建立一个当前产业的共识，这个共识可能是产品价值、服务引擎或者虚拟组织的规则等。

（3）一个产业共识建一个 Token：是指基于这个产业链形成的产业共识，建立一个 Token，这个产业 Token 可能是一个产业的核心资产，或者是产业的共识信用（Trust），也可能是产业的体系内支付结算激励的代币，还可以是一个"资产＋代币"的产业 Token 组合，但考虑到国内监管政策趋势，通常还是以资产 Token 为主。

（4）一个 Token 建一个交易所：是指为这个产业 Token 建立一个数

字资产交易平台，不需要发币，在产业链体系内的数字资产交易平台就可以形成流动和交易。

（5）一个交易所教育一批投资人：是指产业交易市场，需要对交易对象、投资人进行投资者教育，围绕风险、Token 资产、Token 金融产品等进行详细教育，从而培养一批长期参与或持有的产业投资人。

总而言之，传统企业要想进军区块链，首先要推动产业区块链，建立产业共识，建设产业数字资产交易市场和产业投资人。对比 ICO 和监管趋势，在传统产业，ITO（首次数字资产发行）将会替代 ICO（首次代币发行）成为区块链脱虚向实的主流方向。尤其是传统产业基于联盟链的资产模式 Token，结合官方的数字资产交易平台（与数字货币交易所相区别）实现传统产业的区块链升级，实现资产 Token 的货币化（使用法币或数字法币），未来将会是"传统产业 ITO+ 官方数字资产交易平台 + 法币或数字法币"的产业趋势。

第 4 节　产业供应链金融

传统产业升级为产业区块链后，产业链的供应链金融也会发生巨大的变化。传统的供应链金融更多是通过核心企业的供应链业务或者数据作为信用的基础，用供应链数据或单据作为质押或者担保进行的信贷服务。它更像是一种静止和单一的信用支付，本质上是利用核心企业的特殊形式的担保或者质押而提供的信贷。

静态的信用支付，比如在阿里巴巴的中小企业平台上，已经积累了多年的大量的交易数据，这些沉淀的数据作用非常大，从信息平台到交易平台，中小企业交易的谈判、看样、打样、合同、预付款等，整个交易过程和所有环节，尤其是供应链和交易环节，这些越来越多的数据被无形中留了下来，从而可以基于某一种信用模型将数据转化为信用。只是，目前这个信用在阿里巴巴只能用来信贷，也就是将信用转化为现金，再用现金进行支付，还不能直接将信用用于支付。这非常像传统产业与区块链的核心区别：传统产业是间接融资，需要将资产或者信用变现为法币，再来支付结算或者投入；而区块链是直接融资，直接将资产或者信用货币化，可以直接用 Coin 来支付结算。

在一个产业链的价值流中，只有信息流、订单流和资金流是在同一个打通的、透明的链条里面，才有可能用信用来支付。比如说：A-B-C-D 是产业链里面的关系节点，那么流通中的信用付，就是用 AtoB 的数据来为 BtoC 的业务或者 CtoD 的业务进行直接支付。因为价值流里面的节点企业产生的价值都存在着一度、二度或者三度关系，这样一度节点的业务数据和信用就可以在二度、三度的交易环节中直接用于支付，而不必先将信用通过金融产品转化为现金后再进行支付。这种信用付，实际上只能存在于区块链的产业链中，因为区块链可以将信用货币化，建立了一种产业链中的信用代币。

传统产业的上链主要是建立产业链共识，围绕产业链的公共账本主要是资产和合约，合约包括登记（资产的收益权或其他权证）、交易（资产的所有权）和仓单（资产的物权），它实际上对应着资产的一个状态机。产业链的共识在于建立一种基于算法和代码的可信（Trust），在此基础上将资产的收益权登记为链上的 Token，如果加上一定的条件比如时间等就成为一种期权的 Token；同时，在共识的基础上由产业链的 Coin 对 Token 进行货币化，并对产业链上的交易、仓单、收益权、期权等的交付计算出可信力（由 Coin 货币化的 Trust），风险控制主要基于链上的可信力，并通过经济模型对一定交易成本、惩罚机制、白黑名单机制等进行调控，最终实现基于可信力的背书（担保／质押），用产业链 Coin 来实现产业链体系内的支付、结算和供应链金融服务。不同产业之间，通过跨链来实现供应链金融，每个产业链的可信力可以跨链交易。

传统供应链金融的弊端是依托于一个核心链主，也就是都是围绕这个链主的上下游，比如格力的供应链金融依赖于格力，而 TCL 的供应链金融则依赖于 TCL。但是在不同的链主网络之间，就不能流通。而如果在去中心化或多个弱中心化的区块链产业链中，通过跨链实现可信力和 Coin 的跨链交易，每个产业链对信用力和 Coin 的贴现率或者兑现率一旦确定，就可以实现 A 产业链的可信力与 B 产业链的可信力的交换、承兑，从而无须通过金融产品转化为货币再进行交易。这将大大减少不同企业之间的交易成本、资金成本和融资成本。实现上述愿景的关键在于原来各个产业的龙头企业谁先迈出这第一步来占据先发优势？

每一个产业链内的节点企业，还是保留自己原有投资的业务系统，只需要增加一个产业区块链的模块，就可以实现去中心化的共享记账，在产业共识的基础上，实现商品、订单、仓单、票据等约定好的数据的上链。这并不是由核心企业操控，它是去中心化、非核心企业，体现了一定的普惠、公平、透明。它实现了一个产业内的共识，作为产业链的信用基础，共同记录存储产业的大账本，过程透明而且货币化，并通过建立产业代币 Coin 进行体系内支付结算。

在产业链的主链中，传统产业的商品、订单、仓单、票据，对应着链上的 Token、Token 合约、Coin 合约等，订单和仓单可以基于智能合约进行交付和交割，这非常像传统产业的电子合约；而约定一定时间条件进行现金支付结算的票据，对应着 Coin 合约，通过智能合约可以在满足条件的时间内进行 Coin 支付结算。

由于智能合约可以基于共识和合约规则，自动进行交付和交割，所以 Token 合约自然可以作为产业链中进行 Coin 融资的担保质押，这实际上是产业区块链中的供应链金融的核心；而 Coin 合约可以在约定时期内带来一定的 Coin 现金流，所以可以进行 Coin 合约的贴现，提前从加密代币银行获得一定贴现率的 Coin 融资来用于产业链内的采购销售，也可以基于未来一定时期内 Coin 现金流，再结合 Token 合约的增信，设计 Token 经济的 ABCS（资产加密证券化）、面向加密代币基金或者 Coin 理财机构销售资产包；如果传统产业非常需要法币现金进行产业链外的用途，则可以通过合规的渠道或者资产 Token 的交易市场实现流动性。

这些交易的核心是产业数字资产交易平台，它为产业链内的企业节点提供了 P2P 的交易、围绕链上的 Token 交易、合约交易以及 Coin 交易。与法币的交易，往往需要金融机构通过合规的渠道，结合传统产业的商品和订单、票据等的上链数据进行信托、资产证券化、P2P 理财投资等金融产品设计。

在这样一个产业链中，每个节点都是权益代币的持有者，又都是投资者；既在产生价值，又在实时融资；既有传统的商品资产，又有数字的 Token 资产。从而形成了一个基于区块链的"应用 – 节点 – 账本 – 交易市场"的数字加密产业链。

第2章

Token 必要性评估

第 1 节　产业区块链的 Token 经济

由于 Token 的重要性，所以需要统一概念。币圈习惯称 Token 为代币，而链圈习惯称 Token 为通证，产业区块链领域适合叫"通证"，本书则统一称为 Token。Token 实际上包含类似权证、物证、票证、权益、资产、代币等不同形态。

对于传统产业，区块链的核心是资产 Token 化，在 Token 的基础上建立经济生态。商业的本质是价值和效率，Token 或数字代币是价值的承载，是产品和服务预售的最佳载体，也是工作量的奖励分配。而基于算法和代码的共识机制是效率的保证，经济激励模型会融合生产者、需求者和投资者等不同角色成为生态。产业区块链的灵魂是基于共识和 Token 的经济模型。

与 ICO 的不同，产业区块链经济模式的本质是资产货币化（Token），通过联盟链建立产业分布式账本，基于区块链的数学加密算法建立信任，基于分布式的产业节点建立共识机制，设计好生态经济模型，基于智能合约制定规则和奖罚机制，基于资产或收益发行资产代币（Token），通过数字资产交易平台获得资金，启动生态模式。

如果结合国外监管政策和国内发展方向，传统产业在区块链上也存在 OIO 两条线发展：ITO（首次数字资产发行）+IPO（首次公开募股）。基于产业资产和业务实现 ITO+ 数字资产交易平台的融资和流动性，将 ITO 资金投入到产业发展，进一步实现创业板或者海外证券市场的 IPO。

第 2 节　传统产业进行 Token 设计的 12 个必要条件

对于传统产业，区块链并不是万能的，并不是所有传统企业都适合区块链，那么如何评估一个传统企业有没有必要发展区块链并进行 Token 设计呢？针对传统企业的产品 / 资产现状和区块链 Token 的特点，本节整理了以下产业区块链 Token 设计的必要性评估条件。

（1）**需要去中介化**。企业的业务中有多级的中间渠道或层级，增加了成本和损耗。

（2）**需要建立共识**。企业与消费者、产业链之间缺少信任或者需要验证信任，急需建立产业共识。

（3）**需要共享模式**。企业的业务是分布式服务或紧密协同的链条，需要围绕核心资源比如设备或人员进行共享和协同。

（4）**高价值的资产**。企业的产品或资产是高价值的资产，上链后增量价值比较高。

（5）**稀缺性或限量**。企业的产品或资产具有稀缺性和限量性，容易通过紧缩政策获得溢价增值。

（6）**有规模效应**。企业的业务在达到一定规模的情况下可以降低边际成本，并具有海量客户的网络效应，可以快速达到一定规模从而获得规模效应带来的海量用户。

（7）**需要流动性**。企业的产品或资产的流动性比较弱，需要通过经济机制促进流动性。

（8）**需要高成本来进行信息验证**。信息不对称情况突出，企业或者消费者进行信息验证需要比较高的成本。

（9）**需要数据保真**。企业的数据与产品或资产关联度非常高，数据需要通过加密技术进行防篡改等保真。

（10）**需要赋能个体**。企业的传统业务依赖于中心化，个体比较被动和低效，需要激发个体的主动性，赋能个体成为独立的经营体。

（11）**需要价值交换**。企业需要零成本的支付激励手段，与产业链内外进行价值交换，获得更多的流量和更好的流动性、周转率。

（12）**需要智能设备**。通过智能设备辅助业务生产或者服务交付，实现产品、服务或者消费者的数字化。

第 3 节　传统产业进行 Token 设计的必要性评估

1. 39 大传统行业 Token 设计必要性简评

围绕前面章节的传统产业 Token 设计的必要性评估条件，我们针对不同的传统产业，进行了简单的点评。

（1）**农林牧渔**：农业农产品和畜牧养殖、水产海鲜的资产比较粗放，产业供销层级多，部分产地的特色产品有一定稀缺性，流动性比较弱，信息不对称严重，需要溯源和数据保真，需要支付激励手段，部分可以结合智能设备进行数字化。

（2）**采矿**：非常传统的产业，相对独立，不需要共享和协同。

（3）**农副食品加工业**：果蔬肉类等食品加工行业，安全信任缺失问题较严重，采购生产销售需要分布式协同，有品质、品牌的产品可以拥有高价值，应具有一定的规模效应。这个行业需要降低信息验证的成本，需要支付激励手段。

（4）**乳制品**：需要建立品质共识，原产地产品具有稀缺性，需要产品数据保真和信息溯源。

（5）**营养保健食品**：需要建立消费者共识，用户参与的分布式共享模式，可以打造为高价值产品，有规模效应，需要信息透明公开，需要赋能个体和用户。

（6）**酒业**：供销渠道层级多，一部分酒企需要建立信任（品牌），一部分酒企需要流动性（库存），信息验证的溯源防伪，有一定的稀缺性，部分原酒资源可以是高价值资产，需要支付激励手段。

（7）**茶业**：产供销层级多，需要建立茶的共识，茶农茶人的分布式共享。古茶树有稀缺性，可以制作高价值产品，茶的流动性可以增大，信息不对称情况严重，需要信息验证和产地茶叶数据保真，需要支付激励手段。

（8）**烟草业**：相对封闭独立的行业，暂时不需要。

（9）**服装服饰业**：成熟流水线和产供销体系，销售渠道层次较多，所生产的产品属于非高价值产品，且稀缺性不强，该行业动销快流动性强，信息相对透明，电子商务比例大。

（10）**制鞋业**：常规的鞋业比较成熟，个性化定制的制鞋服务需要具备终端门店或智能设备，有相对常规鞋业的稀缺性和高价值，需要赋能个体提供个性化服务和体验。

（11）**家具制造业**：需要去中介，没有稀缺性，流动性差，信息相对比较透明。

（12）**印刷业**：传统 B2B 业务，相对封闭，没有稀缺性，不需要数据保真，不需要赋能个体，暂时不需要智能设备。

（13）**玩具娱乐用品**：销售渠道层次多，部分 IP 玩具有限量版，有规模效应，流动性弱，信息比较透明，不需要数据保真，可以结合智能设备，需要支付激励手段。

（14）**化工业**：B2B 业务，相对封闭独立，在农资领域的化肥农药会面向终端用户，需要去中介，需要建立信任和产业共识，需要分布式的农化农技服务协同，没有稀缺性，也不是高价值资产，流动性有时间周期，需要信息验证和农资土地数据保真，可以与智能设备（测土配肥、无人机、滴灌等）相结合，需要支付激励手段。

（15）**橡胶业**：采购和销售有渠道层次，需要建立行业信任，原料有一定的稀缺性，但不是高价值资产，有规模效应，流动性比较强，不需要信息验证和数据保真。

（16）**计算机制造业**：销售渠道层次多，信息透明，没有稀缺性和高价值。

（17）**家电制造业**：连锁店和电子商务为主，信息相对比较透明，没有稀缺性和高价值，产业比较成熟导致几乎没有规模效应可以榨取。流动性差，个体的销售经营体和服务经营体的赋能有空间，需要价值交换，适合结合智能设备进行数字化。

（18）**新能源电池**：锂电芯等核心配件有采购和销售的渠道，需要溯源，需要品质保障，需要产业交易市场进行订单撮合，原材料有一定稀缺性，产业链内的支付结算需要信用付，票据业务和供应链金融需求迫切，有规模效应，订单流动快，可以结合智能设备进行电池的数字化。

（19）**智能照明**：部分渠道的层次部分为连锁店模式，需要建立智能共识，需要分布式设计和安装服务，没有稀缺性，不是高价值资产，流动性差，信息比较透明，可以结合智能设备。

（20）**建筑业**：层层转包情况严重，需要去中介，需要建立共识，协同共享，没有稀缺性，资金流动性差，需要材料和进度的信息验证和数据保真，需要支付激励手段，可以结合智能设备。

（21）**批发业**：传统的中介模式，专门挣取信息不对称的价值，流动性差。

（22）**超市便利店终端零售**：需要去中介和建立共识进行联合，没有稀缺性和高价值，有规模效应，流动性较强，信息相对透明，需要赋能个体，需要价值交换和支付激励手段，可以结合新零售智能设备。

（23）**化妆品**：渠道分销层级多，缺乏消费者信任，没有稀缺性和高价值资产，流动性差，信息比较透明，需要赋能美容顾问和小店老板，需要支付激励手段，需要价值交换流量，可以结合皮肤类的智能设备。

（24）**珠宝首饰业**：渠道分销，缺乏一定的品质品级信任，具有稀缺性和高价值，需要信息验证和珠宝数据保真，赋能个体成为个体经营体，适合价值交换，需要支付激励手段。

（25）**汽车业**：销售服务有渠道层级，需要建立共识，分布式服务，部分车型有稀缺性，流动性差，信息比较透明，需要赋能个体（销售顾问和服务顾问），适合价值交换，可以结合智能设备或者本来就具有的智能设备进行数字化。

（26）**二手车**：业务缺乏信任需要建立共识，中介对信息进行了屏蔽，需要信息验证和车辆数据保真，适合赋能个体实现车主和客户直接 P2P，可以结合智能设备实现数字化，需要支付激励手段。

（27）**无人零售**：没有中介，以快消品为主没有稀缺性，流动性较强，信息透明，需要支付手段，可以结合智能设备。

（28）**货运**：需要去中介，直接 P2P，典型的分布式服务，需要建立共识，没有稀缺性，有规模效应，需要信息验证和车辆司机运输数据保真，赋能个体到司机，需要支付激励手段，可以结合智能设备。

（29）**酒店住宿业**：需要建立信任，分布式共享，有一定的稀缺性，有规模效应，需要信息验证和住宿数据保真，可以价值交换，需要支付激励手段。

（30）**保险**：需要去中介，缺乏信任，分布式服务，没有稀缺性，流动性强，信息相对透明，需要数据保真，赋能用户成为经营体，需要支付激励手段。

（31）**地产中介**：去中介，建立共识直接 P2P，分布式服务，有一定的稀缺性和高价值资产，需要信息验证和数据保真，赋能房屋业主，适合价值交换和支付激励手段。

（32）**设备租赁业**：需要建立共识，设备协同共享，没有稀缺性，有规模效应，需要信息验证和设备运营数据保真，结合智能设备实现数字化，需要支付激励手段。

（33）**家政服务：**有中介机构，需要建立服务共识，分布式服务，有品质高水平的服务有一定稀缺性，不是高价值资产，流动性差，需要信息验证和家政服务数据保真，需要赋能到家政服务员个体，需要支付激励手段，结合智能设备实现数字化。

（34）**美容美发业：**没有中介，有一定信任缺失，没有稀缺性，不需要信息验证，需要赋能个体美容美发师，需要支付激励手段。

（35）**宠物服务：**无中介，需要建立共识，需要信息验证和宠物服务数据保真，需要支付激励手段，需要结合智能设备。

（36）**医院医疗：**建立信任和共识，需要分布式服务，高水平医师和药品有稀缺性，流动性强，需要信息验证和医疗健康数据保真，赋能到医生和护士个体，需要支付激励手段，可以结合智能设备数字化。

（37）**老年人康复养护：**需要建立信任和共识，分布式服务，有品质高水平的服务有一定稀缺性，不是高价值资产，流动性差，需要信息验证，老年人健康服务、养护服务数据需要保真，需要赋能到护理员个体，需要支付激励手段，结合智能设备实现数字化。

（38）**文化艺术品：**去中介，需要建立信任和共识，是稀缺性和高价值资产，流动性差，信息验证成本高，需要版权数据保真，赋能到个体画家或艺术家，需要支付激励手段，进行价值交换，需要结合部分智能设备。

（39）**彩票活动：**去中介，建立博彩共识，具有规模效应，需要数据保真，需要支付激励手段，结合部分智能设备实现远程博彩。

2. 传统产业进行 Token 设计的必要性评估矩阵

为了形象直观地评估传统产业的区块链必要性，本节设计了一个产业区块链评估矩阵，对传统产业进行必要性评估。其中，矩阵的横轴为建立共识和公平的紧迫性，纵轴为进行共享和去中介必要性的紧迫性，根据高低强弱划分为四个区域，以便对传统产业进行评估分布。同时，产业区块链评估矩阵还参考了部分辅助参数：规模效应、验证成本、资产价值、数字化程度、赋能个体、价值交换等，作为必要性高低和大小深浅（气泡）的参考。

部分传统产业的评估分布如图所示：

其中，A 区为优先区，B 区为次优区，C 区为鼓励区，D 区为暂缓区。

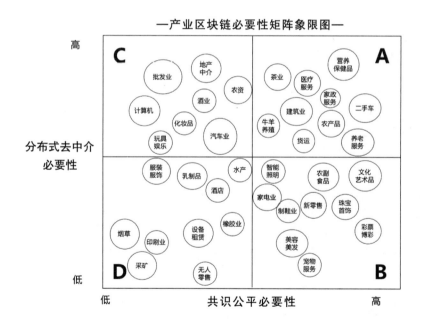

—产业区块链必要性矩阵象限图—

区块链 Token 设计的必要性，优先顺序为：优先区→次优区→鼓励区→暂缓区。

（1）**优先区**：营养保健品、二手车、农产品、养老服务、农产品、货运、产业；

（2）**次优区**：文化艺术品、珠宝首饰、博彩、新零售、美容美发、家电业；

（3）**鼓励区**：地产中介、农资、就业、汽车业、文化娱乐；

（4）**暂缓区**：水产、酒店、乳制品、服装服饰、橡胶业、设备租赁、采矿。

3

Token 设计方法论

对于传统企业而言，区块链是一个机会，一个从另一个视角来打开一个新的数字资产世界的机会。但并不是所有行业的企业都适合，我们不能盲目期待区块链可以解决传统企业的所有问题，反而更倾向于区块链的 Token 设计有利于传统产业的生产关系的进一步升级或者变革。

相对于传统经济，区块链经济模式是去中心化的分布式账本，基于加密算法建立数字可信，代码实现共识机制，通过智能合约制定规则和奖罚措施，设计好社区自治的生态经济模型，发行 Token（通证或代币）实现数字资产货币化，启动加密经济生态。所以，区块链经济实际上是基于共识和 Token 的经济模型，是"共识 +Token+ 激励 + 智能合约"的数字资产经济体。

由于是一种新的经济体，或者说是一种生产关系的变革和颠覆，势必会影响到传统产业的各方既得利益者，这个形成新的生产关系和解决痛点问题的行业共识的过程会是非常痛苦且漫长的，对此，传统企业要有心理准备和变革决心。

第 1 节　Token 的分类

很多人不知道 Token 和 Coin 到底有什么区别，大多数人都认为两者是同一事物的不同叫法，甚至很多业界人士都无法准确区分两者。本节就先来介绍一些两者的区别，然后从广义上来说一说 Token 到底有哪些分类。因为若是不能准确区分 Token 和 Coin，就无法搞明白 Token 的分类方法。

1. Token 与 Coin 的区分

在 Token 经济领域，目前普遍分成两派，一个是链圈，也叫通证派（Token 派），他们认为资产的定义和数字化是最关键的；一个是币圈，也叫加密代币派，他们认为加密代币是最关键的。这两派，一派坚持资产加密上链，一派坚持发币，前者的 Token 是用区块链技术将实物资产加密上链，一一对应；而后者的 Coin 是直接创造一个数字的全新的已经货币化的资产，而有可能几乎是空气。前者的 Token 对应资产、信息或信任源，是数字流通的价值载体，基于信用或者共识；后者的 Coin 是对资产的一种定价或者工作量的激励，用于流通和激励，是一种经济激励机制。

通证派的核心观点：通证经济是围绕 Token 展开的。Token 的核心在于它承载的价值是内生价值，而传统产业现在都是价差模式，通过成本利润的价格差获得价值，所以传统资产一般都代表着增量、利润、赠送或者折扣等；而以比特币为代表的数字加密资产，是自带内生价值的，它依托于新的共识、经济生态以及总量、节奏、上升趋势等，获得自己可以内部生长或者发行的货币化价值。

这种内生价值来自于共识，产业形成的共识是用算法来实现的，因为共同的信任从而产生新的不依托于实物资产的价值。产业共识类似于产业联盟的协议，基于区块链形成一个虚拟协同组织，通过 DApp、矿机或区块链钱包等方式参与进来，通过货币化的 Token 实现自带激励机制的经济生态（CryptoEconomy）。

没有 Token 的区块链不算真正的区块链，因为只有 Token 才能承担起经济生态的基础。所以做联盟链的人会感觉有困惑：Fabric 这些联盟链到底是不是区块链？ Fabric 只体现了超级账本和智能合约，没有 Token，但是实际落地时需要结合传统产业的需求，进而在联盟链里面增加设计 Token 机制和业务共识。

在通证派与代币派的碰撞中，需要深入思考一个看似简单的问题：是将实物资产 Token 化，还是纯空气的数字货币？通证派以前者为主，代币派以后者为主。但在实践中可以对比出来，只是简单地将实物资产上链 Token 化，是非常初级的区块链，而且对资产的溯源、衍生和扩展存在巨大的限制；同时，如果只是完全空气的数字代币，那也只是巨大的泡沫。区块链的核心是试图用算法建立一个社会共识，而 Token 是不是也需要有一个临界的模型？既不是完全地与实物资产一一对应，又不是完全的空气币。除了实物资产，还有数字资产，也有可信、声誉 / 信誉、口碑、评价等，或者一种无形的共识，都可以基于一种形成共识的标准协议定义为 Token。

当反思这个问题时，我们会发现以前的 Token 就是 Coin，也就是代币，后来才分出来通证。通证派是用区块链技术将实物资产数字化，Coin 代币派是直接创造一个全新的货币化资产，前者是链圈，后者是币圈，虽然现在水火不容，但真正可以落地共同实践的方向可能是临界的经济模型：与实物资产有映射但不要一一对应，用算法建立实物世界形成共识的数字资产，用代币来激励和货币化。

按这个方向，应该让 Token 向 CryptoEconomy 升级发展。在 CryptoEconomy 里面，可分为两部分：CryptoAsset（数字加密资产），对应通证 Token；CryptoCoin（数字加密代币），对应代币 Coin。二者是不可分割、相互纠缠的有机体。CryptoEconomy 是一个重新分配、重新定价、重新激励的生态模型，这意味着其是一种新的生产关系的建立，是一次颠覆性的资产再分配，而这个生态模型中，代码即法律。

在 Token 向 CryptoEconomy 的转变过程中，不再是之前初级阶段的资产加密上链。实际上，利用 RFID、二维码甚至基因检测等技术实现实物资产的一对一的加密上链，将实物资产的所有权进行技术化或数字化，但是并没有进行重新分配和重新定价，这意味着原来的所有者和权益持有人与现在的 Token 资产势必会有冲突。而且由于实物资产的替代性、二维码的攻击和仿造以及人的劣根性、道德风险的问题等，导致用新技术来做传统的实物资产的信用会是一个巨大的问题，而远远不如用新技术来建立创新的数字信用。

CryptoEconomy 中的数字信用，基于形成共识的算法来建立信用协议，并通过代码来实现和运行。在这样一个新的区块链信用体系中，秉持一定的原则，比如先到先得，比如重新分配和货币化，比如初始的 CryptoCoin 的分配优势。这时候，CryptoAsset 加密资产的再分配，以及代码即法律的原则，虽然会设计社区自治的体系来维护，但初始节点的制定法律的代码权、发行货币的权利，却毋庸置疑有优先。在这个生态模型中，共识和激励机制很关键，人成为其中的节点之一，当共识和机制都在代码里面的时候，我们就只需要考虑一个问题：如何形成共识？

2. 广义的 Token 分类

鉴于前面的思考，我们并没有将 Token 简单地称为通证，而是进一步将广义的 Token 分为两类：加密资产（CryptoAssets）和加密代币（CryptoCoin）。根据 Token 的功效、特点和差异，分为五种不同类型的 Token：

- 生产类加密资产
- 消费类加密资产
- 功能类加密资产
- 权益类加密资产
- 支付类加密代币

1）生产类加密资产

它是一种资源类的资产，可以生产出商品或者可以消费的产品，比如茶树、种羊、果树、水稻种子等。这个生产类加密资产，会有基础的资源属性数据，会有对应权证书，比如品种证书、物权证书等。它会涉及资源资产的经营权、使用权，也会涉及资源的配额管理、溯源管理等。

由此产生的增加价值的公平再分配是区块链模型可以实现的一部分。无论是利润分享、利益分享还是其他利益（例如通货膨胀），预计与所有利益相关者分享利益。资源类的未来收益或权益，需要增加锁定的限制，比如按 1、2、3 年产量的达成情况进行解锁，分阶段获得增量收益的分成，用智能合约进行结构化。

2）消费类 加密资产

它是从生产资源中创造出来的产品或商品资产，主要是消费数据，它会带一定单位的使用权或受益权，有唯一的资产 ID 或者对应的二维码，可以类似于商品定价那样进行货币化。消费类 Token 的单位，是交易市场或应用内部交换的基本单位，买卖或者交换双方在此基础上创造交易的流通，这可能会花费或者消耗货币类 Token 而获得消费类 Token 的价值或者功能。

3）功能类加密资产

它体现了一种效用或功能，用于特定应用或服务的加密访问。功能类 Token 是一种特殊的使用权，主要是实现功能访问或者用来丰富用户体验，实现接入或者连接等动作，也可以作为功能行为的反馈。

4）权益类加密资产

它是一种权益证明，主要是类证券化的工作量或者股份的加密数字证明。权益类 Token 一般是产品使用或经营的受益权，或者行为、贡献的受益权，以及投票权等。它往往代表一种未来的收益或者权益，在某些情况下也相当于实际的所有权。

5）支付类加密代币

支付类 Token 就是 Coin，用来进行货币化、定价和支付结算的加密代币。加密代币类 Token，或者说 Coin，是一种非常有效的数字加密支付和交易的媒介引擎，它是区块链账本的记账符号，是加密资产货币化的基础，是零交易成本的关键，也是激励机制中的核心，可以匿名或以不同的方式发行，除了零成本、高效率的支付结算和激励之外，它还为点对点交易提供了便利。

需要注意的是，不同类型的 Token，在发行时有不同的原则：资源类需要配额化，消费类需要货币化，权益类需要证券或资产化，支付类就打造成为加密代币，基于配额产生消费资产的总量，基于算法实现消费资产的货币化。

第 2 节 Token 设计的 10 个前提

实物资产是物理世界的经济和金融体系的核心，同样数字资产 Token 也是整个产业区块链经济的核心。在进行 Token 设计时会有一些需要遵循或者参考的前提原则。

1. Token 是资产又不是资产

Token 是数字加密资产（CryptoAsset），但不是数字化资产（对实物资产的数字化），也不完全是实物资产的映射。这意味着 Token 虽然与实物资产有一定关系，但却不是实物资产的数字化，也不是完全与实物资产一一对应。由于不是一一对应，所以 Token 不应该只是所有权，而应该是收益权、使用权、投票权或者共有产权等。

2. 关注未来的收益和能力，而不是现状

将未来的东西做成 Token，而不是把历史或当前的东西做成 Token。能够用在未来的能力，比如通用的能力像货币；能够获取未来的收益，比如证券化的像股票。这个前提的核心是将未来的能力、服务和收益等打包，比如共享产权、使用权、经营权或受益权，会有预期的变动和市场的波动，进而会有增量价值。

3. 关注合约，用合约来理解和解构产业实际业务

合约是区块链结构的基础，而交易是产业实际业务的核心，同时 Token 可以有效降低交易成本，这样就可以实现资源的最优配置。用合约的结构思想来解构传统产业业务，比如 Token 合约、Coin 合约、指数合约等，通过智能合约和规则来解构传统产业的交易业务，并通过区块链降低交易成本，增加促进流动和周转的激励机制。

4. Token 是类证券数字资产，要借鉴金融产品来设计

Token 本质上就是类证券的数字资产，所以要借鉴传统金融产品设计

来进行 Token 设计，比如结构化、增信、隔离、锁定等。结构化意味着一个产业的 Token 可能不只是一个而是一个结构化的 Token 组合，同时收益的差异化或者优先劣后，可以用智能合约来结构化。锁定意味着要对 Token 进行锁定的设计，将能力和收益权打包成为资产 Token，除了总量的限定之外，还要对交易权限和节奏进行锁定，分步骤实现收益，比如按产量达成情况进行解锁。隔离是将 Token 的发行和收益隔离开，分阶段设计，这样有利于后来的投资者循环进来。借鉴证券市场的设计，不要太快，也不要太慢，既要考虑投资者也要考虑投机者的进入时机和节奏的把握，而流通部分要借鉴类似二级市场的拉动和流通。

5. 关注行业或者产业链，先发优势突出

一个企业的资产量太小，只有一个行业才有足够的规模总量，传统产业一定是产业区块链的方向。而在一个行业里，谁先做谁有优势，资产加密上链，形成产业的共识，这是数字加密经济的跑马圈地，对后来者会有很高的先入门槛。区块链也可能会促进一个行业形成新的组织形式，遵循一定的共识，形成产业的虚拟经营体，资产经验可以货币化和分配，获得更高效的资源配置。

6. 关注促进产业或带来增量价值

产业区块链不是只做共享账本，而是要能够产生增量价值或者降低交易成本。Token 的设计一定要能够带动实际的产业，能够产生未来的能力或收益，而不只是对已经发生的事情进行事后激励，只有这样才能促进产业的升级发展；比如积分 Token 的设计就要能够透支未来的消费和服务，比如未来消费达到 XX 量级可以升级拥有 VIP 服务的 Token，这就是一个未来消费的约定，它会刺激消费者未来的消费。

7. 关注体现或者解决产业的共识问题

一个产业的痛点和问题，往往来自于产业上下游缺乏互信，才产生各

种信息不对称或者利益冲突。Token 的设计要能够着眼于产业内普惠公平透明的信任，通过代码实现的共识，来解决产业的核心问题。这是产业的新生产关系，而新的生产关系，必然会触动既得利益者或者持有者或保守者的利益，碰到阻力和攻击，甚至触动或者揭开产业的灰色空间。

8. 关注类金融生态体系设计

Token 的生态体系与金融体系几乎可以直接进行对应，所以未来会有 Token 银行、保险、基金、信托、证券、P2P、期货等业态或类似服务。未来的数字加密资产，如果围绕价格和时间，会有类似期货、期权业务；围绕收益，会有类似证券业务。这就意味着会有区块链的"证券交易所"，也就是数字资产交易所，进行数字加密资产的交易交换、衍生品买卖等。因为数字加密资产的普惠和透明、货币化的特点，不再受限于服务容量、大小规模等条件，这会给产业链内小而美的企业一个很好的融资发展渠道。

9. 关注传统经济模型

因为 Token 是数字加密资产，所以资产的经济模型与传统经济模型有继承性。传统经济中的博弈经济模型、货币供给理论，都可以体现在 Token 经济的激励机制、发行总量和节奏上。产业链不能像空气币或平台币那样只模仿比特币或以太坊的发行模式和激励机制，而是要借鉴传统经济模型的博弈和货币供给等理论，进行经济生态的激励机制设计。

10. 关注产业链自建交易市场

产业 Token 不一定要发币上交易所，而是可以在产业链内自建去中心化的数字资产交易平台实现体系内流通。自建数字资产交易市场，实现体系内循环，建立加密资产标准协议的 API 对外进行交换；建立实物资产交易的市场，实现互补而不是替代原有的交易，从而实现增量价值。除了通过自建交易市场实现 Token 的体系内交易、交换之外，还可以对 Token 进行数字加密资产的质押融资、数字资产证券化、信托资产包、P2P 理财投资等金融产品方式实现流动性。

第 3 节　Token 设计的 12 个自检问题

即使做了大量的调研和分析，每个传统企业进行自己的 Token 设计时也还是一头雾水，这实际上相当于一次颠覆性的围绕资产分配和生产关系的变革，所以并不会那么简单。我们在这里整理了一些关键问题清单，可以作为企业在进行 Token 设计之前的自检使用。

（1）产业的交易结构和盈利模式是什么？

（2）产业的组织结构和角色关系是什么？

（3）当前需要解决的问题和目标是什么？

（4）解决问题所带来的增量价值有多大？

（5）产业有哪些类型的资产？多少是不可再生限量资源？多少是可以共享资源？

（6）产业如何建立陌生人信任？可以聚焦出什么样的共识？

（7）有哪些激发人性的激励机制和最高诚信成本的惩罚机制？

（8）Token 的价值是如何产生和流动的？是否需要耗费能源？

（9）Token 与实物资产的关联关系和权益类型？

（10）产业需要什么样的治理结构以及与投票、社区自治的关系是怎样的？

（11）Token 是否成为体系内的主要支付和结算手段？

（12）Token 是否分配权益或者红利？

第 4 节　Token 模式画布

大部分传统企业家普遍对区块链的理解和认知比较模糊，对 Token

的认识还停留在发币的概念上。同时，一批有传统金融和投资背景的人，在 Token 设计上也经常陷入一些误区和陷阱，毕竟传统经济与区块链经济有迥然的区别。为了帮助传统企业可以快速便捷地设计适合自己业务的 Token，我们设计了一个用来对传统企业进行分析、描述、设计 Token 模式的工具——Token 模式画布（Token Model Canvas）。

通过 Token 模式的角度重新解读传统产业的数字加密战略，又结合创新的 Token 设计原则和自检清单，利用这样一套 Token 模式画布，进一步设计创新 Token 模式的模板和通用方法，来进行可视化、模板化描述以及实现 Token 模式的通用语言。

一个 Token 的设计不是拍脑袋拍出来的，而是需要经过讨论、头脑风暴、专题研讨等创新设计出来的，而想要有良好的效果，那么在一开始就要有一定的模式语言，从这个模式语言的定义出发，来讨论和分析传统产业的需求和场景，确保大家是在同一个语言体系上讨论相同的事情，这就对设计模式有非常大的挑战：简单、清晰、直观，同时又能够组合展现出传统产业的业务复杂性。

这个设计模式框架可以作为一种通用语言，它可以让传统企业方便地描述和使用 Token 模式，对照传统业务套用模板，来构建新的创新 Token 方案。如果没有一种相对通用的专业语言，传统企业很难系统性地分析和设计 Token 并创新成功。

Token 模式画布通过 8 个核心模块比较简单明了地进行着 Token 模式的描述和分析，可以映射出传统产业的业务需求和设计 Token 的逻辑。这 8 个模块涵盖了 Token 模式设计的主要维度：战略、客户、价值、共识、场景、模型、治理和运营。对于区块链经济而言，Token 模式就像是一个设计蓝图，可以通过链、币和社区、治理来实现。我们把它形象地总结为"八个一",即"**一句话,一个人,一幅画,一个数,一个共识,一套治理,一个模型,一套运营**",如下图所示。

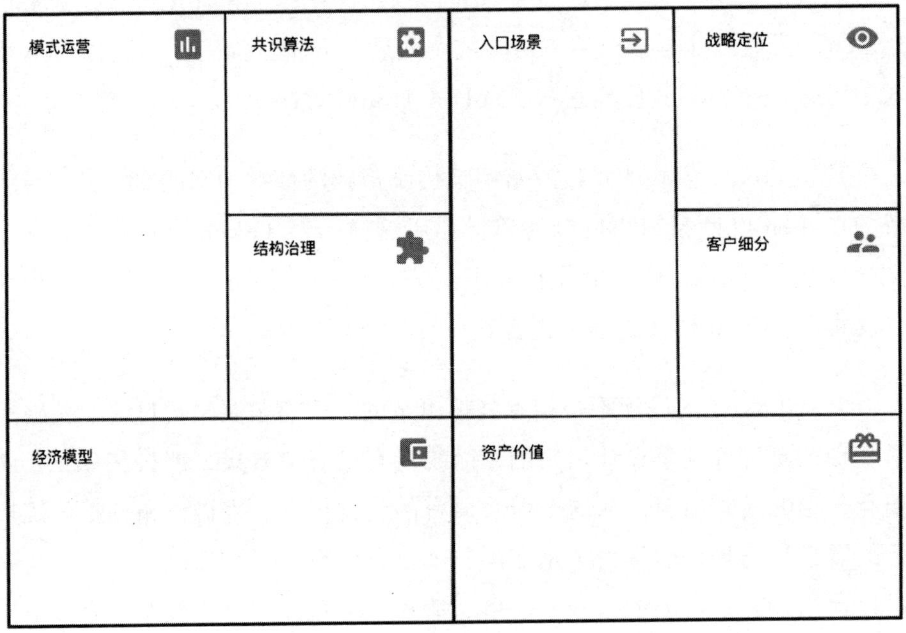

模式运营 📊	共识算法 ⚙️	入口场景 ➡️	战略定位 👁️
	结构治理 🧩		客户细分 👥
经济模型 💳		资产价值 🎁	

Token 模式画布

1. 战略定位

所谓"一句话",就是用一句话概括出企业的战略定位、品牌定位和品牌口号,简称"一句话"。

传统产业非常清楚自己在传统业务中的战略定位和重点,但是不一定清楚在区块链上的 Token 模式会聚焦在哪个战略定位?以及如何与传统业务的战略定位进行匹配和协同?

这个定位可能是传统业务在区块链上的战略定位的创新设计,也可能是与传统业务的定位进行互补、协同和错位。比如传统业务定位在重资产模式,Token 业务则定位在轻资产模式,有效拓展和补充重资产模式的空白和不足，延长目标客户群的生命周期阶段。

在区块链上的业务创新，要打造好自己的 IP，也就是 Token 的品牌故事和 Token 文化，让既是用户又是投资人的消费者一目了然并为之心动。要设计一个好的 Token，就要通过加密数字市场分析和业务模式重新定义，将品牌定位和业务模式浓缩成一句话，比如主打健康的"健康即财富"，主打积分的"消费即投资"等。

一个好的"一句话"，可以简洁明了地体现出 Token 背后的品牌故事，吸引用户和粉丝进行关注，Token 在品牌故事中包装内容、情怀和创新，又可以浓缩为一个短视频故事进行引爆，适合 Token 的推广和传播。

2. 客户细分

定位目标受众和细分客户群体，简称"一个人"。

商业的核心是客户和创新，"一个人"就是要明确客户定位，研究客户的需求、画像和体验路径图，洞察这个"人"的全部。

企业所定位的客户到底是哪一类客户？它是什么样的细分群体？是如何分级分类的？有哪些差异化？这个非常关键。因为要基于定位的客户细分群体，来进一步分析细分客户群体的深刻需求和画像，确定细分客户的真正痛点，从而详细设计相对应的 Token 模式。

不同的企业对客户定位策略有所不同，目标细分群体也有不一样的策略。有的企业可能就紧抓一个细分群体小众市场做下去，有的企业可能是多个细分群体，也有的企业比较复杂。我们整理了以下几种情况：

（1）**高端**。定位清晰，只做高端客户，奢饰且尊贵，VIP 服务。

（2）**大众**。普惠模式，面向大众市场，定位的客户群体范围比较宽泛，没有太大区别，大众消费者的需求相对比较一致，比如快消品市场或者消费类电子产品。

（3）细分区隔。针对定位的客户细分群体有差异化的策略和产品服务，企业用不同维度（比如价值贡献、区域、行为属性等）来进行客户群体的区隔，在 A 区隔里面的策略和 B 区隔里面的策略是有差异的。

（4）多元化。客户定位包括多个迥然不同的客户细分群体，这些细分群体有不同的需求和痛点，对应着企业的多元化业务。

（5）多边化。定位的是大的场景，比如一个产业链，在这个链条里面，既有定位在 2C 的消费者细分群体，又有定位在 2B 的商家细分群体，二者又在一个产业链的大场景里面相互融合和依存，这需要一个多边平台来进行跨链设计。

3. 入口场景

核心需求驱动的应用场景与入口，简称"一幅画"。

Token 模式的设计不是为了 Token 而 Token，而是在清晰的战略定位下，针对具体的目标受众和细分客户群体，通过一个核心的场景来体现和解决他们的核心需求和诉求。

传统产业都会有自己的企业或当前产业的核心需求和诉求，尤其是围绕特定的目标受众和细分客户时，比如航运产业对集装箱运力过剩的核心需求，比如护理服务产业智能撮合护理服务并有效进行评价闭环的核心需求，比如二手车行业对车辆的完整生命周期和保真信息的核心需求，比如艺术品产业对艺术品的价值生态体系的核心需求，这些核心需求和诉求需要设计一个场景来作为入口和解决问题的场地。

入口场景是抓住核心问题展开设计的，比如针对航运产业对集装箱运力过剩的核心需求，Token 模式的入口场景可以是全球集装箱共享区块链，通过对集装箱的注册和状态同步实现一个集装箱运力共享和智能撮合的场景，从而解决运力过剩同时有效节约成本。

入口场景将是 Token 模式中的主要应用场景，它除了解决核心需求问题的同时，还会生成、使用和消耗代币，包括功能访问或者服务费用。如果需要设计应用场景的 DApp，这个入口场景将会成为 DApp 的主要功能；如果需要设计矿机，矿机的挖矿和算力也会与这个入口场景紧密结合。这个场景也可以是 Token 模式对应的一种生活方式。

为了清晰地展现和让读者理解，需要用可视化的方法来将这个入口场景画出来，能够模拟出这个场景，包括入口、要素、路径、流程和代币等，通过"一幅画"将模式、用户需求、应用场景、价值链平台等瞬间展现出来。这幅画也会是 Token 白皮书里面业务模式的展现内容，帮助用户和消费者快速了解应用场景。

4. 资产价值

数字资产的类型和内生价值可视化指数，简称"一个数"。

资产价值是 Token 的核心，它是在区块链加密经济中创造或生产出来的价值单位，用户主动拥有它并分配、分享持有者利益。价值创造的核心是用户预期所持有的 Token 未来可以做什么？获得什么样的价值？而且这个 Token 比别人更有可能性获得更高的价值。这就需要 Token 与用户或持有者之间能够建立持续互动、不断地影响价值联系。

Token 的资产价值不同于传统产业的价差模式，它与产品的成本无关，是一种基于预期的内生价值，由于供应和预期不同，其资产价值可能不断增长。不同资产类型的 Token，其内生价值也不同，比如资源类资产来自于收益预期，消费类资产来自于销售预期，支付类资产来自于周转预期。

为了更好地理解和计算资产的内生价值，需要将资产价值提炼和量化为一个指数，尤其是与战略定位、细分客户群和需求场景相关的一个价值指数。这个价值指数，可视化地展现出 Token 的资产价值，让用户可以一目了然地了解 Token 预期提供的价值是什么？从另外一个角度，价值指数也是一种分布式的价值协议。

价值指数也是对 Token 和用户行为进行货币化的一个参考，本质上二者是相关的。同时，挖矿场景设计中的算力，也与价值指数密切相关，算力是计算出价值指数的基础要素，算力的任务条件也会与资产价值的用户行为、价值联系相关联。

如果把 Token 看成一种特定人群的生活方式，那么通过运营、系统和数据将生活方式和资产数据量化为一个好玩的指数，让用户持续参与和互动，并通过这个价值指数分配和分享其预期收益，形成一个价值生态体系。

5. 共识算法

陌生人或产业联盟达成的共识和实现算法，简称"一个共识"。

区块链最核心的创新就是"共识+Token"，Token 经济的核心之一是共识，比特币是对陌生人之间建立的共识，而传统产业需要建立的共识是产业的共识，包括产业联盟内的节点企业之间的共识、产业与消费者 / 用户之间的共识，前者是产业联盟链，可以解决价格发现、成本、效率、资金结算等传统产业问题；后者是消费者公链，可以解决消费者信任、主动参与、消费投资、共享收益等新的模式。

共识一般是围绕 Token 价值的一个证明，比如使用的工作量证明、数据价值的证明、健康的证明、农产品的可信证明等，也可以是大家共同认可的对 Token 价值指数的一个证明算法（PoX 共识）。

产业共识首先是一个商业问题，产业节点或者消费者认可并形成共识，在商业上相当于一个产业的共识协议；其次是一个 IT 问题，该共识通过一个算法来实现和固化，并用开源的代码来进行公示。共识的呈现结果是一个分布式公共账本和开源的算法代码，这个分布式账本和开源算法代码，是解决陌生的或不是很熟悉的产业节点和消费者之间的信任问题的基础——"你可以不相信我，但你可以相信代码"。

共识的另一个基础是社区。社区不只是类似微信、电报、Twitter 等社交媒体上的社群，而是围绕这个产业进行讨论、协商、参与、投票和分享的可能有线上可能有线下的社群（一群人）。

在这个社区里面，有核心开发团队根据产业需求初始达成的共识，有产业联盟节点讨论碰撞形成的共识，也有后来加入节点或者 Token 持有者参与投票的共识，还有面向消费者或用户参与投票的共识。这些不同的角度产生或者讨论的共识将在一个社区自治的治理结构中形成一种平衡。

毕竟不同角度的利益诉求点不一样，核心开发团队可能对技术和算法有狂热，产业联盟节点对产业利益或关键节点有诉求，Token 持有者对价值上升有追求，而消费者或用户的诉求可能更发散。

共识和算法实际上是在用代码编程世界与社区的不同人群，最终形成一个共识：代码即法律。算法代码将资产数据、用户行为或者价值指数的算力等进行计算并形成可信证明的共识，作为分布式账本和货币化的基础。

6. 结构治理

Token 的创始结构、成本结构、流通结构的治理，简称"一套治理"。

一个持续稳定的 Token 需要有一个严谨的治理结构，很多 Token 波动剧烈或者加密代币 Coin 上币后迅速归零，往往是缺乏一个稳健严谨的治理结构。作为传统产业的 Token，设计一般会是 Token 组合，其中会包括一个资产类的 Token 和一个支付类的 Coin，或者有不同的组合，这个组合结构也会影响 Token 的稳定性和持续性。

Token 的结构在发行上由两部分组成：一个是分配比例，包括创始人、团队、顾问、合作伙伴、市场营销、销售、研发、流通发售等分配的 Token 数量和锁定、隔离等限制条件；一个是发行节奏，从初始阶段到基石、战投、私募、早鸟以及预售、公开发售等不同阶段的发行节奏和数量、条件。用于回购、市场营销、研发等公共用途的 Token，需要用多重签名的地址或者用智能合约来进行隔离和锁定。

Token 的结构设计里面，除价值总量之外，还会设计 Token 的软顶硬顶、发售周期、基数比例以及最低贡献（最小认购金额）。软顶为第一个上限数量，达到软顶后会设定一个时间周期来结束发售，在此期间限制贡献大小（认购金额），避免大额参与者全占，让小额贡献者能够参与；达到硬顶时全部结束。最低贡献是一个准入门槛，一般会设定满一定数量或价值的 Token 才能够参加认购。

结构治理意味着要制定规范，Token 有一些既定规范，比如参照比特币的 2100 万数量限制、二级市场的交易限制、创始人与核心团队的锁定限制等。由于 Token 货币化后可以快速变现，项目团队的激励机制可能会扭曲到短期利益变现，因此要设计合理的隔离和限制规范，让项目团队与 Token 持有者能够保持相对长期的一致性。

在 Token 的设计中要规划好战略合作伙伴，传统产业有大量的行业资源和产业上下游合作伙伴，同时在不同阶段和时间点会有新的投资者、顾问等合作伙伴进入，利用知名合作伙伴进行背书，有效设计合作伙伴参与的时间节奏、合作类型与金额等，可以整合资源提升 Token 共识价值。

治理结构中涉及了一个共识升级或者智能合约修改的治理问题，采取什么样的投票机制很关键，协调机制也很关键，而初始核心团队的主观能动性如何得到确保或者限制？这也是 Token 设计时需要提前规划好并通过规范、智能合约或者共识宪法进行约定的。

7. 经济模型

Token 资产发行和激励机制的经济生态体系，简称"一个模型"。

Token 设计的成功与否，最关键的是共识；而 Token 经济的成功与否，最关键的在于经济模型的设计。Token 经济既有别于传统产业经济，同时又与传统经济的核心理论比如博弈经济理论、货币供给理论相关联，设计 Token 经济模型要新旧兼顾。

经济模型最关键的是 Token 价值总量，传统产业的 Token 发行多少最合适？是拍脑袋任性发行还是与传统产业的经济价值相结合？

从货币供给的 M0/M1/M2 的体系考虑，传统产业的 Token 价值总量可以借鉴当前产业的预期收益总量，类似于"GDP（预期产生价值总量）+CPI（消费投资价格指数）+ 流动性"，可以参考以下公式：$M=x$（Token）价值总量 $=X$（用户规模 × 平均持有资产价值 × 周转率）。

从费雪公式 $MV=PT$ 的供给理论可知，传统产业的 Token 价值总量要借鉴当前产业的以 Token 定价或者货币化的产品或服务的交易价格和交易总量，并结合 Token 的周转率。其中：M 为 Token 数量，V 为 Token 周转率，P 为 Token 货币化的资产（产品或服务）价格，T 为资产交易总量。

如果从类证券角度来对 Token 进行估值，又可以结合现金流贴现模式或者 PE 估值模式来进行价值总量的估值，但这种类证券的估值模式只适用于类证券的股权权益等类型的 Token，那些功效类或者支付类的就不适合了。

Token 价值总量还要通过代币定价来分解为 Token 数量和 Token 价格。虽然定价权在发行方手里，但盲目地定价会削弱或稀释 Token 的价值。Token 的价格过高，不利于公平普惠参与；Token 的价格过低，不利于体现资产价值。同时，要设计好支付机制以及是否延迟付款等条件，确定用户体验友好流畅。

经济模型的激励机制是 Token 经济生态的关键。激励机制，包括早鸟红利（早期参与的折扣）、推荐人激励（推荐朋友注册加入的奖励）、赏金计划（完成推广、社交、互动、投票等用户行为的赏金）等，以及成为 Token 大使的激励；也包括部分对违反共识、违反规则、违反治理限制的惩罚机制。

经济模型的流动性是为了开拓流量、稳定 Token 价值、促进 Token 流动的措施，比如空投（AirDrop）糖果到社区或者潜在用户社群，吸引注册白名单，持有一定量（最低贡献）的糖果可以认购；定期利用收益分享池的 Token 进行回购和销毁，控制 Token 供给量促使 Token 价值稳中有升；对创始人和核心团队或预留的 Token 进行锁定或周期限制，确保不会有大量 Token 变现流出从而影响流动性和价格。

经济模型还会约定阶段、周期、金额等通过多重签名的地址或者用智能合约对 Token 进行锁仓、隔离，约定回购销毁的定价政策和回购智能合约、增发限制承诺等，设计好使用、消耗 Token 或支付类用币场景，设计好拉升减持的市场操纵行为的限制政策。

最后，可以通过一个可视化的经济模型图，将整个 Token 经济的创造与产生、发行与治理、使用与流通等场景与流程系统性地展现出来，让用户和投资者可以清晰地了解到 Token 的价值。

对于传统产业而言，Token 代表着有真实需求的交易行为或者有真实资产的投资行为，这些交易或资产原先受制于传统产业的交易成本、支付或融资等方面约束而难以有效开展；通过引入 Token 经济，传统产业不仅可以解决自身融资问题，更可以通过激励机制激活产业经济生态。

8. 模式运营

资产模式的团队、社区的运营和实现路径蓝图，简称"一套运营"。

Token 模式的运营核心是团队，从创始人到核心人员是 Token 成功的关键。核心团队的背景、资历、经验和能力，都会影响到 Token 价值。而围绕 Token 经济的技术研发、市场营销、商务销售、社区运营等人员配备和能力经验，是运营成功的基础，也是投资人关心的重点。

传统产业的 Token 经济，可能会有不同的产业公司参与运营，或者由新成立的公司运营，但关联的产业公司业务相交叉，这就需要清晰列出运营公司、关联合作伙伴、战略合作伙伴等详细信息和经营地点以及公司资质或信用，这样可以更好地增加运营能力的背书。

Token 经济和共识离不开社区，无论是节点企业的社区还是消费者用户以及投资人的社区，都需要进行持续地社区运营，比如用户互动、价值联系、应用讨论、推荐激励、糖果空投等，加强社交媒体宣传和 PR 宣传，并通过社区的激励机制和社区集体行为来带动用户提高交易市场流动性。

Token 运营的另一个关键是制定详尽可行的落地实现的路线图，发布项目发展方向的早期蓝图，设计整体的实现路径计划，确定关键技术和阶段里程碑，分阶段实施的路线图和项目进度需要同步公示，并进行竞争对手的比较。

模式运营中还要进行投资人资格确认（KYC）、反洗钱（AML）和反恐名单审查，以满足合规性；通过 Token 投资人关系管理平台和相关措施进行投资人的投资者利益和适当性管理。

第 5 节 设 计 方 法

本节我们主要介绍两种设计方法，一种是利用模式画布进行设计，一种是用传统的头脑风暴进行创新设计。

如何使用模式画布

Token 模式画布的 8 个模块组成了 Token 模式的关键要素，也是 Token 模式设计的工具基础，这个工具（如下图所示）就是 Token 模式画布。

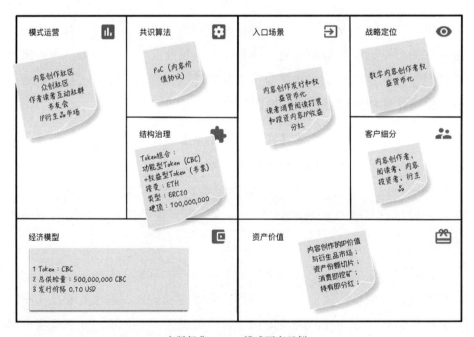

出版行业 Token 模式画布示例

这个画布工具类似画家的画布，预设了 8 个空格，你可以在上面描绘相关模块，来展现当前的业务模式或者设计新的 Token 模式。使用

Token 模式画布最好的方法是将画布投影出来，团队进行头脑风暴，一群人在头脑风暴主持人的组织下，一边讨论，一边将头脑风暴的观点写在便签贴上，贴到 Token 模式画布或者投影的墙上的每一个对应的模块中，或者用马克笔直接在玻璃幕墙上写，共同设计企业的 Token 模式或者拆解 Token 模式的不同组成部分。所以，这是一个可以促进理解、便于讨论、汇聚创意和加深分析的实操工具。

头脑风暴创新方法

Token 模式的头脑风暴讨论过程，需要一些常见的创新方法和工具，本节列举了一些供读者参考。

1. 客户洞察

客户洞察是从目标客户入手，进行客户体验路径分析和描绘，从核心场景来洞察客户的需求和体验路径。它往往用来分析 Token 设计的客户细分和入口场景这两部分内容。

客户体验路径会从一个客户的生命周期阶段来进行详细分解，从不同阶段的接触点、任务、关键指标、行动计划和障碍等处进行分解，一个企业的完整生命周期的客户体验路径可能会有上千个接触点。但核心的场景往往只是一个场景，这个场景是痛点，是可以被打造成为爆款或者尖叫的需求场景，可以通过这个场景来引爆流量，或者强化品牌故事成为一个 IP。

（1）场景的需求调研：通过客户体验官或者神秘顾客机制，从消费者角度来体验不同的业务场景，或者进行神秘顾客暗访，按照流程进行细致观察并撰写事后的详细报告。

（2）场景的前置定位：先清晰定义目标客户，需要定位的消费者到底是哪一类的新新人类？越小众越垂直越明确越好，不要怕数量少，就是要抓住这一类新新人类的痛点需求设计成尖叫场景，把这些消费者打穿打透，从而能够引爆口碑传播，为自己的品牌带来势能吸引力，成为自带流量的类 IP。

（3）场景的核心需求：针对定位的消费者，他们最头痛最麻烦最想解决的问题是什么？这个问题可以有什么样与众不同的解决场景？如果结合智能硬件、移动 App、大数据、人工智能等技术会不会有与众不同的解决场景？要确定下来引起尖叫的事情是哪件，这个场景只解决这一件事，不要把前后各种其他事儿都包含进来，一件就好！

（4）场景的接触点分析：围绕这件"事"，这个解决消费者头痛问题的场景，进行该事件的顺序分解（根据时间顺序按横轴排列），解决过程中可能涉及的详细的客户接触点（根据接触点的类型或者空间顺序按纵轴排列），包括场线上、线下、移动、智能等不同接触点，要设计到一切可能接触到客户的接触点，并考虑每一个接触点的数据采集。

（5）场景的推演模拟：顾客小组和头脑风暴团队，可以声情并茂地进行客户角色扮演和需求分析，或者在不同团队间进行客户扮演 PK，这样可以让企业的运营人员更好地体会客户角度的思考以及对客户的诉求的体会。最难的是能够将角色转换到消费者而不是企业，意识的转变是最难的。

（6）场景的优化和创新：不断优化和再设计，结合小众垂直的目标客户的个性化需求和诉求，进行客户体验场景爆款需求的创意设计；同时，充分利用新零售技术和工具改造现场或者产品服务，比如能够创建一个唯一识别的 ID、能够将核心场景成为消费者的高频需求并开发出一个移动 App、能够结合大数据设计一个好玩的有意义的指数；还有，可以借鉴游戏化的思路，让场景里面也有类似寻宝、过关、技巧、百宝箱等形式，也有类似的自助终端、智能机器人、唱吧、娃娃机、VR 游戏等智能设备来进行数字化和游戏化；这样就可以设计一个创新的场景，从而可以带来出乎意料的客户体验，并充分利用社交媒体进行社会关系的辐射和影响。

归根结底，客户体验路径的场景设计，最关键的还是能够站在消费者的角度去考虑问题，而不是企业以假想的客户需求去考虑问题。

2. 目标导向驱动

确定目标，以目标导向来驱动，也就是要确定从画布的哪个点开始驱动？比如模式画布上的 8 个模块，核心的目标是战略定位还是资产价值，或者是共识、经济模型？然后从这个目标开始驱动，分别向其他模块发展。

（1）**客户驱动型**。以目标客户为核心，抓住细分客户的需求和痛点来展开 Token 模式的设计，但这个往往只适用于特别垂直细分的客户群体。

（2）**场景驱动型**。以核心场景为驱动，比如从矿机挖矿入手，来驱动客户细分、资产价值、共识和经济模型。

（3）**价值驱动型**。以 Token 的资产价值为驱动，比如个人数据资产从价值入手，来驱动战略定位、入口场景、共识和经济模型。

（4）**共识驱动型**。以共识为驱动，比如内容艺术品以产业共识为核心，来驱动场景、资产价值和经济模型。

（5）**经济驱动型**。经济驱动的当然以数字代币为代表，追求经济规模和价值总量的最大化。

（6）**多点驱动型**。也有些模式会组合设计，从多个点进行驱动，比如积分可能会从消费场景、资产价值、共识、经济模型等多个点驱动。

3. 头脑风暴

Token 模式的头脑风暴会议，首先要确定讨论的主题是哪个模块？确定讨论的目标：要解决什么问题？尤其是主持人要把握住讨论议题的范围，既要发散又不能离题太远。比如讨论战略定位模块的时候，就集中讨论战略定位的一句话和延伸问题，要形成要点记录或者观点便签贴。

Token 模式的头脑风暴讨论一般以 8～12 人为宜，人多了容易乱，人少了容易造成发散和碰撞不够。头脑风暴不是一群人七嘴八舌地随便讨论，而是需要由主持人维护有头脑风暴的规则，同时要有记录人进行记录，现场用思维导图来展现讨论的思路和要点。

头脑风暴讨论的规则，比如发言直接简要明了，不要拖泥带水前后解释；不开小会，按规则进行轮序发言或者主持人指定发言，可以用便签贴来提问或者备注，大胆发散讨论不限定框框，不对任何发散进行评价或者评判，不允许对风暴观点进行批评等。

头脑风暴讨论的关键在于主持人，主持人要用有技巧的语言或者鼓励来让参与者自由发言和发散碰撞，能够不断地提出问题和设想，并抓住风暴创新的拐点深入讨论下去，通过一些互动、休息或者可视化图画等形式让参与者继续脑力碰撞。

头脑风暴创新讨论时间一般会在半小时到一小时，围绕 Token 模式的八个模块进行很多种发散的观点或设想，并有一些可视化的展现，最终能够形成 Token 模式的初步设计思路，这就是一个成功的头脑风暴会。

4. 巧用便签贴和可视化

Token 模式头脑风暴创新的时候，要学会巧妙地使用便签贴，将 Token 模式画布画在画板上或者投影到墙上的时候，在头脑风暴讨论中用便签贴每个人可以快速写出自己的观点。

便签贴小巧多变，而且不限数量，还可以叠加累加，所以可以在某一个模块或者观点上进行穷举、投票，然后再归纳总结；还可以通过便签贴常见的红黄蓝的不同颜色，来区分紧迫或者重要程度，或者区分不同人或小组的观点，有利于整理归纳头脑风暴的思路。

头脑风暴创新的时候，还要善于利用画图，通过可视化展现观点。头脑风暴除了自由发言和用便签贴文字来表达观点之外，还可以使用图片、图表、草图或者组合的便签贴等视觉化工具来讨论和勾勒观点框架，因为涉及入口场景或者资产价值的时候可能比较复杂，语言和文字不如视觉化工具那么直观。

通过画来画去，可以有效地将抽象的观点具象化，可以更清楚各个元素之间的关系，有时候讨论了半天的一个场景模式，画一个图就清晰了。而且在讨论的过程中可以将其中的要素进行调整、删节或者增加等，还可以同步进行解释模式后面的故事，设计的模式会更清晰。

也可以通过视觉化工具来进行场景模拟，或者设计应用原型。通过画出场景的草图和接触点、人物、设备等的模拟场景，即使可能画得很粗糙，但是可以让头脑风暴的事情变得形象具体和容易理解。同样，要设计一个应用，通过画出来的原型图，马上可以理解应用的功能和使用场景。

5. 角色扮演

Token 模式头脑风暴创新的时候，可以围绕场景或者模式，确定不同的角色，让参与风暴的人选择分配角色，进行角色扮演，再现场景和需求。

每个人选择好模式场景中的角色，了解该角色在商业场景中的真实需求和行为，然后小组开始画场景或模式的图和便签贴，勾勒出完整的商业模式和场景。接下来，每个人要讲述自己扮演的角色的故事和所处环境，并用文字、画图或者标签贴来向观众展示。其他人或者观众，可以模拟提问，或者来推演模式中的情景和客户需求满足的实现路径。

角色扮演是为了让头脑风暴的创新者能够以不同角色的角度来进行思考和设计，尤其是能够从客户的角度来进行 Token 模式的头脑风暴。

4

Token 的十大设计模式

　　本章将会用设计画布的方式来描述 Token 模式，为了让传统企业能够简单便捷地理解 Token 和 Token 的设计，我们提炼了 10 类 Token 模式，这些模式可以帮助传统企业快速理解 Token 的变化和组合，并且可以作为模板来分析和套用自己企业相对应的 Token 设计。

　　Token 设计模式就是为了让传统产业的人可以快速便捷地进行模板化思考和套用，每个模式都对应一个企业的某个业务场景或者需求，而每个产业往往不是只有一个 Token 模式，可以混合多种模式的 Token 来实现产业链的价值主张。

　　目前的 Token 设计模式分为：货币类、溯源类、积分类、矿机类、资产类、数据类、内容类、服务类、粉丝类、储存类等模式，但由于传统企业和产业的商业模式和业务需求变化迭代很快，一定会不断涌现出更多更新的 Token 模式。

定义和解构这些 Token 模式的目的，是将看起来高大上和复杂难懂的 Token 设计，用一种简单便捷的"标准模式 – 设计画布"展现出来，这样有利于传统企业可以将其马上应用到企业的 Token 设计中，而且超级傻瓜化。

第 1 节　货 币 模 式

货币模式的 Token 本质上就是数字加密代币（CryptoCoin），最典型的代表就是比特币（BitCoin），这是大部分区块链项目尤其是 ICO 项目的必备模块。

货币模式下的代币，就是对应"数字加密"货币功能，用于点对点（P2P）的支付和结算，还用于对资产 Token 的定价（货币化），也可以用于资金的流通、消费的激励、投资理财的份额管理等各种数字加密用途。

传统产业在货币方面，面临的问题往往是：

- 融资成本高，资金流动和信息透明度不高；
- 大额交易成本高，有时间额度等限制，效率比较低；
- 信用缺失，融资需要质押担保，支付需要商票银票信用证；
- 资金错配，支付的资金和需要的资金永远不会同步；
- 交易支付，需要费用，享受不到共享收益。

思考：数字法币与加密代币之间的差异求同

区块链群的讨论引爆了一轮区块链的热潮，链圈和币圈第一次在一起融洽地讨论区块链技术，而只讨论赚钱的币圈大佬却被冷落了，这是一种很欣欣向荣的景象。围绕委内瑞拉发布的石油币（Petro），我们也来聊聊主权数字货币与商业系统的数字代币的生存关系。

实际上，币圈欢呼的第一个"国家数字法币"石油币不是数字法币，只是委内瑞拉官方发行的对应石油资产 Token 的加密代币，并未锚定委内瑞拉法币或美元，而是 ERC20 接入以太币，通过数字货币交易市场流通。说白了，就是第一个用政府信用背书的对应石油资产的加密代币，根本不是国家的主权数字法币，所以既不是法定货币，也没有锚定任何一种法币。但是，问题是委内瑞拉政府信用已经破产，它背书的加密代币风险会是高还是低呢？

首先，数字法币（数字法定货币）一定是锚定法定货币的，比如央行的数字货币会与人民币 1∶1 锚定，而且有准备金等机制。但是数字法币的发行，不会是简单将法币的发行总量复制过来，这样会发生混乱，相当于超发 1 倍货币。人民币的发行有几个指标：M0、M1、M2，M0 是流通的货币，M1 是货币总量，M2 是广义的货币总量。这里面，M1 是与 GDP 呈正相关的，也就是生产出来的资产的增量价值；而 M2，一般是"M2=GPD+CPI+ 机动性预留"，加上了消费，也就是消费资产的增量价值。什么意思呢？简单来说就是消费价格指数也会受影响，消费的人多了对钱的需求就多，消费的少了对钱的需求就少。那么，对应数字法币的发行，就要看央行的数字货币政策是怎样的了。因为是 1∶1 锚定，所以不会复制人民币的发行总量，可能会是实现锚定和准备金之后，对数字资产的生产、消费以及增量逐步进行对应的发行政策，不会对标传统的国民生产总值和传统资产的生产消费。

其次，商业系统的数字代币，要分析看本质是什么？腾讯的 Q 币或者现在很多数字代币，往往是积分币，相当于消费行为的激励，这相当于 CPI，而不是资产的生产增值，所以不会影响或者冲击数字法币。而且纯积分币的流通性和价值不会太高，真正有价值或者影响数字法币发行的，可能会是数字资产，也就是 Token，对应或者部分对应实物世界的资产，其所有权、使用权、经营权或者收益权，甚至消费配额等，用代码基础上的算法来实现一个普通认可的共识和信任，这才是数字法币的基础。而这个是链圈所倡导的通证派，Token 的实现和普及过程，就是数字法币的发行节奏，那么商业系统谁先快速实现资产 Token 化，谁就会比积分币更有先机价值。链圈和币圈本来就是不可拆分的，这个时候，商业系统的数字代币价值就出来了，加密上链定义的 Token，其货币化，比如价值、权益、交换、定价等用数字代币来标准化，而数字代币与数字法币有一定的 rate 锚定；而 Token 生产和消费过程中的行为，也用数字代币来激励，形成这个商业系统内 Token 和 CryptoCoin 的经济生态模型。

最后，数字法币与数字代币相互依存的关系，体现在数字法币的发行量和节奏上，会与经济中资产的 Token 化节奏和 CryptoCoin 有正相关性；而功效上，数字法币负责数字经济中数字代币交易的支付结算与清算，或者部分 Token 交易所的支付清算功能，而数字代币负责对应的 Token 的具体交易交换和激励等。当然，严格意义上，一个商业系统的数字代币的发行也不应该是随便拍脑袋进行 ICO 的，也要有一个可以形成商业系统内共识的算法，比如可能用代码对应资产 Token 的总量或数字化节奏，以及综合考虑激励、消费和其他行为后最终形成的发行量。

所以，数字法币与数字代币并不一定非要相杀。为什么要强调数字代币的支付清算功能，而忽略了其对 Token 的定价交易交换或者激励功能呢？因为现实中的坚挺货币体系，比如美元、人民币，不会太快推出数字法币，而货币已经疲软、破产或者没有发币权的国家，会更快推出数字法币，毕竟创新的发币体系会不会对原来的货币体系产生冲击还不能完全推演清楚。

结合货币基金的特点，来看类似 usdt 的锚定法币的加密代币：有流动性和稳定的价值，有一定的支付结算功能，增加了准备金、现金净值机制、监管机制等，可以衍生加密代币投资理财的功能。

数字法币与加密代币的定位和功能是可以不冲突的。如果对比比特币当下的特点，它已经不是一个"点对点的电子现金系统"，越来越突出的价值是收藏和投资，而非电子现金的流通性，比特币逐渐趋向于具有保值功能的资产，类似于黄金和不动产，而不是货币。反而，一些基于侧链技术的加密代币比如闪电网络的支付，设计上突出流动性，用于小额支付快速便捷，手续费为零，类似于现金。

对于比特币和很多 Token 设计组合来说，这些加密资产不是用来作为现金流通的，而是用来标识拥有的资产。流动性的需求是现金需求，资产和现金的场景，类似于用资产来抵押，然后获得流动性的现金，这实际上就是比特银行的雏形，用比特币或资产 Token 抵押，50%～60% 折现率，可以快速融资闪电代币或者比特现金等，满足支付等需求。随着比特币的资产波动，来灵活调整抵押的资产数量，达到仓位平衡，如果暴跌会有平仓止损机制。

甚至有人对比过用于货币储备的黄金与比特币的价值，认为总数量在2100 万的比特币，恰好在每个 2 万美元时与货币储备的黄金总价值相等，这也是比特币与黄金的属性开始趋同的一个表现。

如果从投资的角度看，还有哪些可以用于保值的实物资产？有的话一定是单品价值高、需求稳定，而且没有电子商务或数字化的资产（信息不透明就存在信息不对称的情况）。这些实物资产都有机会成为 Token，这些类型的 Token 也是会具有资产属性而不会具有现金流通属性。

当前的加密代币市场，除了比特币之外，还有建立底层链平台、建立应用和场景、有用户有数据有能量消耗的主流币。然而，还有大量的山寨币和空气币在围殴比特币和主流币，这是典型的劣币驱良币现象，比特币和主流币会被劣币冲击并影响其原本的价值。

未来的数字加密代币，不一定只是支付结算的功能，而应是数字资产的某项关键功能。支付结算，是当前货币或者未来数字发币的功能。随着智能合约和其他很多区块链技术的普及，Token 已经可以自由便捷地进行交换、交易和资产证券化了，那还需要支付结算吗？

当比特币或者各类 Token 卸下了现金支付的重担，成为数字加密资产后，比特银行的金融业务就可以充分衍生出来，从简单的 Token 的场外交易所、Token 红包、Token 一键兑换等，到高级的 Token 金融业务如 Token 担保交易、Token 质押融资、Token 融资租赁、DApp 交易市场等，然后还有金融衍生品业务比如 Token 期货、Token 期权等。

概要定义

货币模式的 Token 是基于区块链的分布式账本和数字加密技术，基于陌生人之间达成信任的共识而发行的数字加密代币（Coin）。Coin 是分布式、去中心化的，它将发币权给到了拥有资产或者信任的每一个人，每个人都可以基于某一个资产或者可以信任的事务进行数字加密代币的发行，并为这个资产或者信任进行货币化（用代币来定价），最终形成流动性或者持有升值。

数字加密货币的特点是数字货币，而且带有共识，并通过分布式账本进行分布式记账，还可以进行激励，因此带来了丰富的应用场景。比如最基本的货币功能，进行支付结算，用于支付平台的手续费服务费，作为形成共识的记账"燃料"（类似以太坊的 gas），用于跟踪资金流向，进行支付或资金的拆分和碎片化、实时化，还可以让代币具有时间属性实现资金的错配功能，让代币具有资产属性实现投资理财功能，并利用信用的共识来实现金融功能，实现零交易成本、低资金成本。

业务模式

货币模式的 Token 就是对标比特币，让每个人都可以发币，发行的币可以实现点对点电子支付和结算，也可以支付平台的燃料（比如以太坊的 gas）、费用（手续费、服务费等）等，这是大部分 ICO 项目不可缺少的部分。

货币模式的 Token，不只是为了能够人人发币，而是用发行的加密代币对资产或者行为进行货币化，这才是最关键的。资产货币化，可以让有资产的人直接获得融资；行为货币化，是对体系内的人进行激励和惩罚，让体系生态更美好。当确定了货币模式 Token 的币定位，以及币功能和组合设计后，就可以进一步确定加密代币的发行结构，比如发行总量、名称代码、价格、门槛等，然后按照节奏和阶段来发行加密代币。

货币模式的 Token 不仅可以用来支付结算，还可以进行资金跟踪，所有用于支付结算的 Token 都有分布式账本，可以清晰地了解到每一笔资金数据（交易的时间、金额等，唯一的是交易主体可能是加密匿名的）；还可以针对资金错配问题进行多样化设计，从资金的大额和小额的错配、从资金的时间晚和早的错配等，可以通过货币模式 Token 来进行小额拆分、碎片化和即时实时或者准确到周、日的结算。

平台类区块链中的货币模式 Token 可能会采取双币制，即两个 Coin。一个是用于支付结算的稳定币，锚定某法币或者货币储备物，类似 USDT 等稳定币；一个是用于收益分享的共享币，共享平台收益的凭证并可以进行平台交易。双币制更好地隔离了平台内支付结算的需求和平台上发币融资的需求，平台内的稳定币是基于保证金和资金池的内部稳定币，而平台上的共享币则是以太坊 ERC-20 协议的加密代币发行，主要用来进行融资和增值。

设计

1. 战略定位

一句话："人人自由发币"。

货币模式的战略定位就是为了让每个人都发行加密代币，无论是对应资产还是对应行为，或者就是对应空气，只要有人信任或者让人相信就可以。

2. 客户细分

一个人：有资产、有场景、有平台、有想法的人。

目标受众不是大众消费者，而是有实际资产或者传统产业的、有应用场景的、有互联网平台或者运营平台的人，或者就是一个有区块链狂热想法的人，希望用货币模式的 Token 来直接融资，进而降低资金成本同时提高交易效率。

3. 入口场景

一幅画：货币模式 Token 的核心画面就是加密代币的结构设计、发行、支付结算、费用、资金池、收益和激励，其主要应用场景就是货币模式 Token 的发行、使用和消耗场景。

4. 资产价值

一个数：货币模式 Token 的资产价值就是 Coin，加密代币的货币总量和价格就是它的价值。

有时候这个数会用幸福力、健康力、生命力等来替代，本质就是对资产或者资产背后的生活方式的货币化。

5. 共识算法

一个共识：货币模式 Token 的共识实际上就是产生加密代币的共识。

货币模式的 Token 共识也就是该货币模式的 Token 是怎么挖出来的？类似比特币的是采用 PoW，以太坊正在改用 PoS，其他的可能在用 DPoS 或者其他算法，也有的货币模式 Token 是用特定的共识算法 Po "X"，比如健康类区块链用健康力作为资产价值，那么其共识算法便没有采用 PoW 或者 PoS，而是采用自己特定开发的 PoH；电商类区块链用电商指数作为资产价值，其货币 Token 的共识算法叫 PoE。

6. 结构治理

一套治理：货币模式 Token 需要根据定位和需求场景设计不同的结构组合，比如单币制或者双币制，这个主要跟是否要做平台有关。还要做好结构设计，从分配比例、发行结构和限制规范等方面进行专业的设计，不要只是简单粗暴地发行。

分配比例：创始人、团队、顾问和合作伙伴、市场营销、销售、研发、流通发售等分配的数量和锁定、隔离等限制条件。

发行结构：Token 的总发行量、软顶硬顶、发售周期、基数比例以及最低贡献（最小认购金额）。

发行节奏：包括从初始阶段到基石、战投、私募、早鸟以及预售、公开发售等不同阶段，有的货币模式 Token 可能因为政策原因会不选择公开发售。

限制规范：设计多重签名的地址或者用智能合约来进行隔离和锁定。

7. 经济模型

一个模型：货币模式 Token 的经济模型，基本上就是围绕货币供给理论来达成的，有的发行是与资产或业务模式对应的价值总量相关，有的发行就是直接一个硬顶总量跟其他没什么关联，如果能够对未来预期能够有共识并与发行总量相结合是比较合理的。

经济模型中要设计好激励机制，比如早鸟计划、赏金计划、糖果等；也要设计违反共识和规则的惩罚机制；同时，还要做好约定好的锁定、隔离等智能合约。

8. 模式运营

一套运营：与币圈的人发完币套现走人不同，一个正规的区块链项目即使是货币模式的 Token，也是需要运营的，需要通过社区运营聚集一群对该项目的定位和资产价值有共识的人，愿意共同努力和持续持有的投资人。

货币模式 Token 更关注的是围绕发行的加密代币的回购、销毁或在交易市场按价格递增模式竞拍等运营方式，来提升货币模式 Token 的价值，让投资人更愿意持续持有。

通过微信或者电报社群以及线上线下活动，经营一个社区是非常关键的，进行信息沟通、共识讨论、项目进展沟通、投资案例讨论或者新闻报道、糖果发放、赏金计划等，都是与投资人进行投资者关系管理的有效途径。

货币模式 Token 的运营还有一项关键的工作：合规。合规包括 KYC（投资人实名识别）、AML（反洗钱）和反恐名单甄别，这是必须要做的基础工作。

要素

目的需求：发行货币模式的 Token，让资产货币化，或者直接融资。

适用性：适合于大部分区块链项目，尤其是需要交易支付结算的链。

必要性：没有货币模式 Token 的链，缺乏内生价值和生态机制。

效果：货币模式的 Token 带来的激励毋庸置疑。

实现：注意合规合理的结构设计，且贴近实体资产或业务。

案例：比特币和以太币。

相关模式：货币模式 Token 与其他模式都有关联，因为其他模式的 Token 都会与它进行组合设计和使用。

Token 案例

1. BitCoin

比特币（BitCoin）的概念最初由中本聪在 2009 年提出，区块链是根据中本聪的思路设计发布的开源软件以及建构于其上的 P2P 网络。比特币是一种 P2P 形式的数字货币，不依靠特定货币机构发行，它依据特定算法，通过大量的计算产生，使用整个 P2P 网络中众多节点构成的分布式数据库来确认并记录所有的交易行为，并使用密码学的设计来确保货币流通各个环节安全性。

比特币与其他虚拟货币最大的不同，是其总数量非常有限，具有极强的稀缺性。该货币系统曾在 4 年内只有不超过 1050 万个，之后的总数量被永久限制在 2100 万个。

比特币网络通过"挖矿"来生成新的比特币。"挖矿"实质上是用计算机解决一项复杂的数学问题，来保证比特币网络分布式记账系统的一致性。比特币网络会自动调整数学问题的难度，让整个网络约每 10 分钟得到一个合格答案。随后比特币网络会新生成一定量的比特币作为赏金，奖励获得答案的人。

比特币可以用来兑现，可以兑换成大多数国家的货币。使用者可以用比特币购买一些虚拟物品，比如网络游戏当中的衣服、帽子、装备等，只要有人接受，也可以使用比特币购买现实生活中的物品。

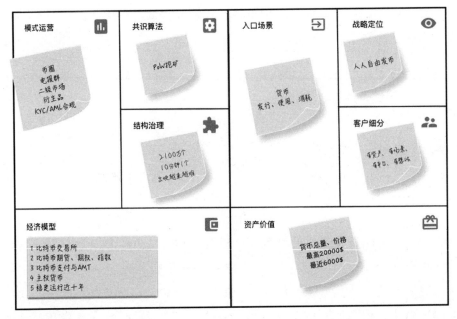

LamTex 画布分析

2. BitGive

BitGive 基金会是第一个比特币慈善机构，作为一个非营利性机构，接受比特币群体的捐赠，并且对世界范围内的环境和公共健康事故提供慈善救助。

随着社会对比特币的接受程度的提升，BitGive 基金会开始提供最方便和最高效的方式——通过 BitCoin 的货币，代表日益增长的 BitCoin 群体向困难中的人提供慈善救助。

BitGive 基金会是第一个募集比特币进行慈善活动并通过比特币公开资金流向的非营利性组织，该组织与求助儿童会（Save The Children）和水资源项目（The Water Project）等非营利性组织建立了合作。

2016 年 3 月，BitGive 为肯尼亚西部的一所女子学校挖了一口水井，挖井的所有费用都来自比特币社区捐赠的价值 11000 美元的比特币。BitGive 的负责人说："该井现在为 500 名肯尼亚人提供饮用水，如果没有这口井，他们就无法获得干净的水，这口井的价值是非常巨大的。"

第 2 节　溯 源 模 式

溯源模式的 Token 主要来自于食品安全的上链追溯，是利用区块链的分布式账本和数字加密技术，对物联网采集的食品 / 农产品数据进行加密上链和分布式储存，并将每一个食品链条上的节点都通过 DApp 来进行公钥加密确认上链，最终通过消费者实现溯源的闭环。

溯源模式的 Token 主要适用于农产品、食品、牛羊养殖、水产海鲜、土特产品等的品质控制和溯源，也适用于部分需要控制原材料品质的行业，Token 本身就是原料 / 产品 / 商品类的资产，溯源主要目的是使资产的数据加密上链并可追溯。

传统产业在溯源方面遇到的问题：

- 食品安全比如三鹿奶粉的三聚氰胺事件。
- 农产品的农药残留和重金属污染超标等现象严重。
- 注水肉、激素鸡、添加剂饲料等养殖乱象。
- 高仿假冒、以次充好的产品造假现象。
- 品质控制薄弱、卫生环保健康标准不达标的产品。

思考：从农产品溯源来看资产上链和数字可信

在区块链的应用场景中，农产品溯源和食品溯源一直是翻来覆去讲的重点，但实际上溯源是一个伪命题，农产品和食品的加密上链实现溯源这个理想看起来很丰满，然而现实却很骨感。我们经常会忘记初心：溯源的目的是为了什么？

　　农产品和食品的溯源来自于安全问题，消费者已经对农产品的品质、产地、农药残留，以及对食品的品质、安全等问题失去了信任，溯源是为了建立消费者的信任，所以这是一个信任的问题，而不是为了溯源而溯源，我们不是要打造一个区块链溯源系统，而是要建立一套数字可信体系。

　　如果只是从区块链的技术角度出发，将农产品或食品通过各种技术（RFID、物联网、摄像头、AI 视觉识别、DNA 基因检测等）实现物理产品的数字化和上链溯源，但是不对农产品或食品的产业链协同关系、农产品资产和共识的算法进行创新，那么就还是一个初级的数据化过程。

　　为什么说只做溯源是伪命题？因为再完美的技术，借助技术实现数据上链来达到百分之百的"证真"都是很难的，因为上链前的数据有真假、人有劣根性、法规有不完善性等。而区块链经济不是简单的上链证真，而是试图用一种新的生产关系："产业链的分布式加密账本 + 产业可信（初始默认可信）货币化 + 证伪 + 激励惩罚机制"的经济生态来解决产业链问题。围绕农产品和食品产业的信任缺失并不可怕，关键看如何创新和迭代？

　　建立农产品或食品的数字可信体系，并不是不需要区块链溯源，溯源的数据上链是基础，但不是全部。农产品或食品的区块链溯源，主要是通过各种技术和设备来实现全自动采集数据，这些数据通过节点的公钥加密上链，从而实现溯源。如果能够确保全部是自动化采集数据，没有人工干预的话，这还是有优势的；但问题是国内的农业现状，还不能做到全部通过自动化物联网技术采集数据上链，相对于国外已经全部智能和数字化的农业产业，国内还是粗放式的种养殖或者部分规模化的农业生产，或者只有局部的自动化物联网技术的智慧农场，这些仅限于部分大棚而不是全部区域。尤其是这样模式重、投资大的情况，非常不容易推广，因为牛羊养殖需要一种智慧技术和场景，而水果则需要另一种智慧技术和场景，蔬菜大棚又是另外的智慧技术和场景，如果因为这种情况导致不能规模化和产业化地实现智慧农业，就很难做到全部自动化采集数据上链。

所以，区块链溯源的局限性主要在于一旦要依赖于人或者部分需要人参与，就会开始产生各种问题：

- 产业链上的节点为什么要配合你来上链？
- 种养殖的农民为什么要配合输入或者上传各种数据而且还要加密？
- 溯源二维码在流通环节中会不会有人因为利益冲突来仿造篡改？
- 商品包装上的 RFID 设备可不可以替换？
- 物流运输环节的人为什么要费事多做一步上链的动作？

这就是区块链溯源的问题：加密上链前的数据，因为人的因素就不能确保真实。而且溯源二维码是可以被攻击的，比如套牌套码、篡改链接的地址等。

所以我们要从信任和共识入手，形成一种对共识算法的敬畏，用代码来实现。这样虽然听起来很专业，其实是说溯源只是手段，关键是产品品质控制，最终的目的是建立消费者对品牌的信任。所以这是一个品牌产品的问题，核心是社会共识，能够建立可信协议，这在区块链里面用算法和代码实现，而不是依赖于人为因素。

这时候就存在一个问题：溯源往往是实物资产（农产品或食品）数字化后加密数据上链，形成产品的分布式账本，这基本上是借助各种技术来实现一对一的物理实物对应和追溯。但是，消费者的信任是什么？他们关心的是这个实物是不是一一对应的"真"？还是这些产品的品质和数据的可信度？

这实际上是一个核心问题：区块链的数字可信，来自于物理实物还是来自于代码？仅仅映射物理实物并实现了追溯，并不会解决信任问题。信任，一定要与人的信用相结合，也就是农产品或食品的数字可信标识和体系，要与人的信用绑定并货币化，与额度和透支绑定，与反馈激励机制绑定，才有可能实现真正的品控。

凌驾于实物资产之上的数字可信，作为当前产业的上层建筑，以一个新的数字资产的再分配方式，对传统的实物资产进行颠覆，从而形成一种新的货币化的产业共识，产业内的从业人员或者节点（包括农民、合作社 / 农业企业、交易市场、加工企业、销售企业等），都要对这个共识背后的算法代码形成敬畏。

首先，共识的核心是什么？解决了农产品的可信问题。那么，溯源有没有解决信任？没有，它只是解决了实物资产一一对应的问题，而且还做得很烦琐，也不能确保完全解决这个问题。

为什么不能完全解决？为什么会有作假需求？这不仅仅是技术问题。要知道，实物资产的所有权、经营权等都在旧的利益节点上，这些旧利益持有者往往不是区块链的拥抱者，而且实物资产以前处在一个信息不对称的环境中，依赖于信息中介或者中介组织，信息不对称是他们赚钱的关键。用 RFID、芯片、物联网技术试图将实物资产改造为数字资产和透明化，这时候资产权益的分配就发生了冲突，旧利益持有者尤其是中介组织会有抵触或者作假行为。用 RFID 等新技术进行证真很难，因为这是先假设节点或者中介者都是假的，然后区块链要用新技术来证真，这些新技术的价值不在于将实物资产变为数字资产上链，而是将经过可信体系上链的资产连接起来接受区块链的规则和合约。

其次，产业内的人员和节点对共识达成一致非常难，这需要大量的落地沟通和协同工作。但是，找到产业链节点的利益共同点，尤其是农民、一线的农业企业与市场端企业的需求，即使是去中介化过程中被去掉的节点，也可能找到服务、金融等利益共同点，这个是在产业现场中的一场场沟通、碰撞和妥协出来的，而不是程序员拍拍脑袋写出来的。

与溯源的证真不同，数字可信体系是假设节点都是真的，只需要进行证伪或者惩罚。这时候，证伪就不需要每一个部分都做，只需要抽样抽查或者接到消费者投诉时再进行证伪检测即可。同时，可信资产进一步与人绑定，包括可信、身份和声誉，来打造一个透明的去中介化的可信性共识，而不是对应实物资产的信用。这个可信世界，是建立在一个分布式账本和共识代码的基础上，进行数字可信资产的再分配，甚至可能再分配到实物上。与人的绑定，意味着每个参与产业链的人都会在数字可信体系里有一个节点 DApp 和密钥，结合溯源的二维码或标识设备，进行最终组合形成动态的可信标识。当需要打印可信标识的时候，由有定价权或者最希望提高价格的零售端负责打印，打印成本加入到产地价格、零售价格或者代币里面。

这时候，区块链的数字可信体系是一个 P2P 网络，消费者是一个提供闭环反馈或者口感评价的节点，与前面的每个节点进行互通，在分布式账本和货币化的 Coin 基础上，大家围绕节点身份、声誉、交易等形成了一个完整的产业链数字可信体系。

总而言之，区块链的溯源是伪命题，农产品或者食品领域真正的场景不是证真而是证伪，最终目标是可信体系而不是溯源。如果去详细分析一下区块链二维码的大米、带脚环的步步鸡，基本上都难以为继，不可能成为可以全面推广的模式。

这意味着区块链溯源不可能完全解决防伪和安全问题，而如何让产业链的人和节点能够形成共识，进而改变交易结构、去中介化和让节点利益最大化，并分享溢价或超额收益，再进一步把共识货币化，让有贡献的人有激励，让要作假的人付出的代价很高，这样只需要证伪进行惩罚就可以，这样证伪的成本和场景就非常靠谱。

对于农产品或食品的区块链设计，可能要从构建一个新的产业协同的生产关系入手，实现数字资产（非实物资产数字化）上链，建立"溯源＋数字可信"，并形成新的组织形态和激励 Coin，打造一个良性循环的经济生态。

所以说，农业的区块链应用不应该只局限于讲故事、看汇报的溯源，而是应该与农业产业进行深入融合，在农业产业协同链（新型的农业经营体组织和农民与产供销的生产关系）、农产品溯源和资产上链（与金融相结合进行资产化）、农业数字资产（农产品及土地、茶树等资源）的交易与金融衍生服务、农业供应链金融、精准扶贫区块链钱包等，与一二三产融合、精准扶贫等战略相匹配。

概要定义

溯源模式的 Token 是农产品／食品或者原材料／产品通过各种技术（RFID、物联网、摄像头、AI 视觉识别、DNA 基因检测等）实现物理产品的数字化和上链资产化，并基于 Token 实现整个产业链节点的加密确权溯源，最终通过消费者的参与形成闭环。

溯源的核心目的是品质控制，从品质和安全的角度来进行追溯，可以追溯责任到每一个源头或节点。如何确保上链前的数据是真实的？这需要充分结合物联网和 AI 人工智能技术，通过有大脑芯片的物联网自动采集数据上链。同时，对农产品或食品的产业链协同关系、农产品资产和共识的算法进行创新，建立一种新的生产关系："产业链的智能物联网数据＋分布式加密账本＋产业可信（初始默认可信）货币化＋证伪＋激励惩罚机制"的经济生态。

实现百分之百的溯源很难，但利用有 AI 的物联网技术，实现能够参与到共识中的智能大脑自动采集数据，并结合产业激励机制和共识算法、证伪的惩罚机制等，是可以实现闭环的品质控制和追溯的溯源模式。

由于溯源过程有一个产业链条和时间周期，所以要能够在上链溯源的同时，让产业链形成共识建立起一个时间轴价值协议（Timeline Value Protocol），将节点、时间、品质等要素形成溯源主体的价值共识。

业务模式

溯源模式是从源头的物联网开始，通过各种物联网技术（RFID、物联网、摄像头、AI 视觉识别、DNA 基因检测等）实现物理产品的数据数字化。在这个环节仅仅靠物联网设备自动采集数据是不够的，需要有大脑（芯片）的 AI 人工智能来实现共识的运算和数据的自动筛选和判定，毕竟物联网设备触点是自动采集数据，而数据的真伪和是否符合共识规则是需要由大脑来进行智能处理的。传统企业想只靠一个物流设备或者一套业务管理系统来采集数据然后上链进行溯源，是一个伪命题。

只有符合共识标准协议的数据，才能通过节点确权后上链，然后加密储存到分布式账本。分布式账本的节点可能是产业链内的节点企业或政府、安监等第三方机构，由于溯源涉及食品安全质量管理，所以第三方机构的参与会更容易建立公信力。

上链后的溯源，需要在产业链上流通，从种养殖采购、生产加工、渠道分销、零售流通和终端店等，需要解决和建立一种新的产业链协同关系，这些参与或者认同产业共识的企业基于区块链节点形成一种虚拟协同组织，特别是对类似产品溢价和分红收益的产业共识，只有当共识利益达成一致时，虚拟产业协同才可能确保 溯源区块链的正常运转。

上链的数据不只是加密存储在分布式数据中留待追溯，而是要进一步形成产品资产，形成产业共识的价值指数，这样才能进行货币化创新。这实际上是将前面产业链的"智能物联网数据 + 分布式加密账本 + 共识"进行融合，在共识的基础上建立产业数字可信（Trust），在条件允许的情况下对产业可信（初始默认可信）进行货币化，激励产业节点和虚拟产业组织进行社区自治和监督记账。

最后，通过消费者作为溯源链条的闭环，可以扫码进行追溯验证并进行评价反馈，从而获得激励；或者也可以选择成为产品大使，进行推荐和产品故事分享。当消费者有不满意的地方尤其是有投诉、食品安全问题时，可以启动证伪程序，产地政府或第三方机构进行证伪，证伪成功则在数字可信平台中进行惩罚。

对于部分产品，尤其是生鲜果蔬、牛羊肉类等农产品，由于时间周期、保鲜程度等会影响品质和价值，所以要在产业共识上建立一个时间轴价值协议（Timeline Value Protocol），对时间周期内的产品共识价值进行价格发现，将节点、时间、保鲜、品质等要素形成溯源主体的价值共识，让溯源模式的 Token 也有分级分类的价值。

设计

1. 战略定位

一句话：用区块链溯源实现品质控制和追溯。

溯源的根本目标不是为了追溯，而是为了实现品质控制和食品安全。再进一步讲，大部分消费者比起溯源和品质更关心的是产品的口感。溯源是品质和口感的基础，它不可或缺，却也不是唯一。

2. 客户细分

一个人：对品质和食品安全有高要求的消费者。

目标受众是消费升级中对品质和食品安全要求比较高的消费者，习惯通过溯源来辨别品质、安全或真伪。这类人对价格敏感度不如对品质和安全的敏感度，他们愿意为了品质和口感而付费。

3. 入口场景

一幅画：溯源模式的主要场景就是扫码追溯产品的全过程加密上链信息。

消费者通过扫描产品或食品上的二维码，可以追溯到每一个环节经过节点企业或个人加密确认上链的信息，还可以对产品进行评价反馈并获得奖励。

4. 资产价值

一个数：溯源模式可以打造一个"时间期价值协议"（Timeline Value Protocol）。

因为溯源模式的全过程是有时间周期的，尤其是农产品或者生鲜食品等会因为时间延时和保鲜技术而有不同的品质和口感，所以会有一个与时间延时和周期相结合的时间期价值。

5. 共识算法

一个共识：溯源模式的共识就是产业链内共同认可并形成的对产品的数字可信（Trust）度。

共识从品种和资源开始，到种养殖或者生产制造，再到加工销售流通，最终到零售终端面向消费者，这些节点对产品品质和时间期价值的共同认可和上链确权、社区自治监督、激励和惩罚机制达成共识。这个数字可信，代表了形成共识的产业对产品赋予的一个共识信任，它会结合社区生态机制用一个类似信任配额的方式进行调整和均衡。

6. 结构治理

一套治理：溯源模式多采用不发币的联盟链，所以溯源模式的结构治理比较简单。但一个真正有内生价值和自发生命力的生态体系，是必然需要 Token 的，所以溯源模式一旦发行 Token 也需要设计好治理结构。

7. 经济模型

一个模型：不发币的溯源模式，主要的经济模型是数字可信的模型，通过数字可信可以将产品预测、产业社区监督、上链确权、消费者评价反馈以及投诉抽查惩罚等进行调配或平衡。

溯源模式的经济模型是如何建立一个积极主动上链的、加密确信和追溯共识的生态机制？这个生态机制除了产业节点达成的共识之外，链上或者链下的激励、惩罚机制是不可或缺的。

8. 模式运营

一套运营：社区运营。

溯源模式的运营关键有两个：产业的社区运营和消费者的社区运营。产业链的前端能够形成社区自治模式来进行社区监督和自我审计，而不只是依赖于设备和数据；产业链的末端能够形成消费者的社区对溯源的产品进行评价反馈和进行激励，或者培养产品大使之类的赏金计划、推荐计划等。

要素

目的需求：通过溯源实现消费升级对品质和食品安全的高要求。

适应性：适用于农产品、生鲜食品、防伪需求的消费品等企业。

必要性：溯源模式是基础需求，所以不存在紧迫性。

效果：溯源模式可以实现一定程度的追溯，但存在局限性，也有观点说溯源是伪命题。

实现：溯源模式中虽然借助了物联网技术，但还是不能百分百确保上链前的数据真实，所以要结合其他模式互补实施。

案例：溯源模式现在有区块链步步鸡、区块链大米等，但实现效果一般。

相关模式：溯源模式是基础，会与资产模式 Token 相结合，未来可能也会与货币模式 Token 配合使用。

Token 案例

1. Provenance

Provenance 是第一个为供应链上所有产品创建和提升透明度的平台。它的追踪贯穿了整个产品的生命周期，从产品的生产商到消费者，沿途的每一步信息更新，消费者只需通过智能手机就可以了解到所有的信息，而且还可以在区块链上添加不可变的信息。

Provenance 使用区块链技术以及移动和智能标签来跟踪物理产品，并验证从原产地到销售终端的属性。2016 年 5 月 22 日，Provenance 使用 P2P 技术来追踪印尼马鲁古的金枪鱼，从登陆到运送至工厂以及更远的地方，很好地展示了区块链技术如何实现供应链的透明度和可追溯性。

通过设计，Provenance 平台强化了追踪产品监管链和产品属性所需的透明度、安全性、真实性和可审计性，使客户能够获得所需的高质量信息，从而做出更明智的选择。基于 Provenance 平台的供应链透明度大大降低了参与者的初始成本同时提高了收益比，这种分布式设计使供应链的核心组织摆脱了代价高昂且容易出错的运营职责。

2. Ambrosus

Ambrosus 结合高科技传感器、区块链和智能合约的优势，目前正在打造世界上第一个可以公开验证并由社区驱动的生态系统，以确保药品、食品和日用品等生活必需品的质量、安全性和来源。

Ambrosus 通过以太坊发布了 Amber 代币，可以与以太币兑换。Amber 被用来透过整个价值链追踪产品，将收集到的信息批次联系起来。它也作为 Ambrosus 生态系统的燃料，用于访问网络服务，与传感器系统互动，并签署智能合同保证的商业协议。

Ambrosus 分析系统是基于物理分析方法（光学、电气、声学和原子能）、生物传感器和化学传感器（pH 值和过敏源检测）的技术，在适当的领域还将使用免疫方法、酶学技术、DNA 和蛋白质测定等方法评估食物，这些环境属性，如温度、曝光度、湿度、运动和氧气等也将被记录下来，当信息从设备传输到 Ambrosus 网络时，数据被绑定到一个被发送到网络的 Amber 代币上。

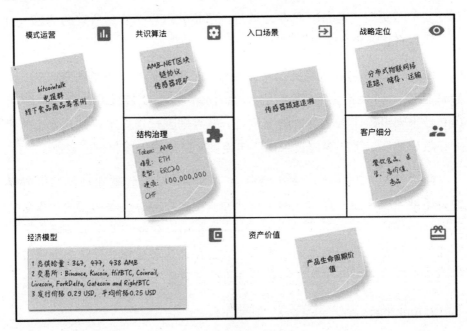

LamTex 画布分析

3. TE-FOOD

TE-FOOD 是一个已经成功运营的专注于新兴市场生鲜食品的追溯解决方案。TE-FOOD 于 2016 年在越南上线，已经有 6000+ 商业客户加入，每天约追踪 12,000 头猪、200,000 只鸡和 2500 万只鸡蛋的全供应链数据，包括来自农场、屠宰场、批发商和零售商等环节。同时，TE-FOOD 也为消费者、供应链的合作伙伴和政府提供了解食品质量、生成历史的可视化工具。

TFOOD 是 TE-FOOD 的加密代币，符合 ERC20 标准，在以太坊发布并支持用以太币兑换购买。TFOOD 主要用于供应链参与方交易过程中的支付、信息查询的报酬和消费者的奖励，同时也是一种权利标识，拥有 TFOOD 的消费者有权评价供应链参与者，而系统会根据这个评价对供应链参与者进行量化积分。

从政府角度来说，全国范围的食品溯源系统是不希望被建设在公开的区块链平台的，因此 TE-FOOD 交易账本通过私有区块链记录，其主要载体是一个内部技术 Token。对于现有的农产品交易模式来说，区块链交易中的收费和非实时性是能被接受的，因此 TE-FOOD 将提供基于闪电网络的解决方案，用来提供即时的、链下的交易支持。

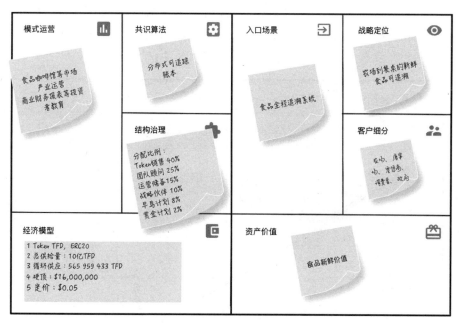

LamTex 画布分析

4. FOODCOIN

FOODCOIN 生态系统（FCE）是一个区块链生态系统，它的设计目标是在现有的 1000EcoFarms 平台上架构一个全球化的食品和农产品市场，并可以与其他平台对接。FCE 以以太坊技术为基础，将其作为一个通用的交易平台处理各种类型的食品交易。

FOOD 是发布在以太坊的符合 ERC20 标准的加密货币。所有的交易双方都将在交易市场上使用 FOOD 自由兑换食品和服务，以及完成 FOOD 本身的交易。FOOD 的数量具有上限，并被写入在平台源码中。因此 FOOD 以通货紧缩模型为主要经济形态，其价格也取决于平台的需求和买 / 卖的比率。

作为一个商业平台，FCE 的使命是形成一个功能齐全的生态系统，将所有经济代理商及相关机构（销售商、分销商、买家、银行、保险和物流公司、税务服务、海关等）整合成一个区块链平台。主要食品生产商和分销商通过利用粮食生态系统和智能合同，可以大幅减少对新代理和承包商的搜索和鉴定费用，以及签订和管理新合同的费用。

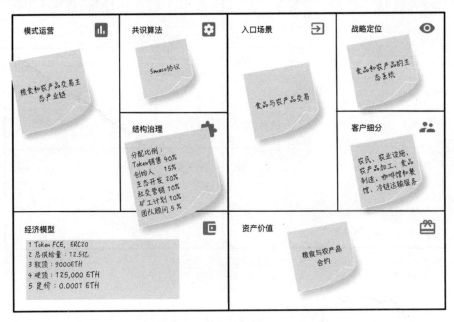

LamTex 画布分析

第 3 节　积 分 模 式

积分模式的 Token 比较特殊，因为积分本身就类似虚拟货币，所以很多区块链的 Token 模式都是在做积分币。但积分模式的 Token 不只是积分币，还要巧妙设计不同的 Token，基于消费者的消费和行为进行吸引、刺激和激励，进而进行差异化服务和关怀，这样能够实现预期收益的增长。

积分模式的 Token 适合有消费和服务的行业，比如零售、快消、3C、耐用品以及会员制的行业，尤其是已经有会员俱乐部和积分模式的传统企业。

传统产业在积分方面遇到的问题：

- 积分是企业的一种负债型资产，需要计提和核销。
- 商家和消费者对会员和积分缺乏品牌信任和兴趣度。
- 会员账户活跃度低。
- 积分滞动，兑换率不高。
- 奖励吸引力低，积分感知价值低。
- 积分流通（包括转让、交易、使用）不便捷。
- 会员积分项目建设、运营和管理成本高。

思考：积分币会是会员和积分的未来吗？

积分非常像数字货币，因为积分本身就叫作虚拟币，比如 Q 币。传统的积分，是商家针对消费（挖矿）进行激励点积分（代币），同时积分（代币）可以兑换或者购买商品，商家也会进行礼品赠送（糖果）、促销或优惠（赏金计划）。由于跟代币一样，都是对一种消费（挖矿）或某种行为进行激励，这跟比特币的模式很像，所以很多空气币就借用积分的模式设计自己的代币模式。

我做了近二十年的企业 CRM 和 Loyalty 会员设计和转型，深刻了解积分模式有其天然的缺陷，所以即使不是空气币的积分币，也有可能被拍死在沙滩上，下面我们来进行具体分析。

1. 积分币的现状

对于每一个传统企业，尤其是商业零售企业，要做积分的都是因为企业自身的客户基数足够大，有了客户基础才可以进一步设计会员积分。而积分币的设计往往是先设计积分币，再钓鱼用户，这个鸡和蛋谁先出现的哲学问题非常难回答。

传统企业的积分，不仅仅是有客户基数，关键在于消费者的消费行为是产生实实在在的价值，购买了商品带来了利润，企业用积分来回馈或者激励消费者。而积分币这种代币所对应的行为，往往设计的都是没有产生价值的行为或挖矿行为。

传统企业的积分，是企业的负债型资产，按营业收入的 1%～2% 计提，年初计提年底结算核销，也就是积分的发行基础是企业的营业收入的比例计提。而积分币没有货币发行的价值基础，基本上手握发币权想发多少就多少，这时候就很难考虑到通胀通缩或者合适的定价，也缺乏持续运营的动力。

跟传统商业企业一样，除了自己的积分之外，还会想做一个商业积分联合平台，希望能够聚合和打通商家之间的流量和积分。虽然传统商业平台有众多的线下商家，但是商家的抵触心理非常强，他们不愿意加入到一个管控他们的中心化积分平台，而且他们觉得会员数据是他们的私有财产不想共享，积分互换也会遇到不同商家规模和毛利率不同导致的设置兑换比例尴尬等问题。如果积分币也想打造一个商家联合的积分币平台，那么同样面临如何说服商家用统一的积分币，如何解决积分兑换比例的差异化，以及如何解决商家的抵触心理和私有心理等问题。如果解决不了这些问题，那么这种积分币平台也只会是一厢情愿，不会有活跃商家入驻；

当然，积分联合平台中的大商家很难整合，但是中小商家却是容易整合的，因为这些中小商家的确因为实力弱流量少预算低，所以愿意加入到一个大的积分联合平台，但他们的目的是希望能够吸引流量增加客户，而不是为平台带来流量的。如果积分币平台也想面向那些快消、服务、生活等领域的中小积分商户，提供积分币来建立数字代币积分体系，你会发现同样的雷区在等待着你。

最后思考一个问题，积分模式靠什么赚钱？传统企业优秀的积分模式，是靠会员在主营业务上的复购和金融服务（如会员白条等）来获得收益，而不是在积分联盟上赚钱。过往这么多年，但凡做积分联合平台，希望通过积分池赚钱的，都没有赚到钱，辛辛苦苦运营最终也就是 2%～5% 的毛利。积分币平台可能也会遇到这个问题，增量价值从哪里来？不能总是靠最初发的积分币，增量价值产生了才可以让积分币升值，而升值是数字货币模式的核心，只有升值才可能吸引和刺激消费者持续不断地进来。

所以，积分币的 Token 和 Coin 不基于区块链技术深入到产业或企业的积分运营和具体业务中，是很难持续产生价值的，进而会慢慢被搁置为空气币。或者可以猜测，本身这个积分币或积分墙的设计，就是为了收割韭菜的空气币？

会员积分模式的核心就是商家基于消费行为进行激励，并围绕会员进行促销，最终实现生命周期和复购。这种模式会经历几个阶段：传统阶段、电子商务阶段和新零售阶段。

传统阶段，一般称为会员俱乐部，以积分和礼品为核心，主要分为会员、积分、礼品、兑换、商家等模式，但会员模式因为会员的兑换活跃度（一年一度兑换礼品）和客户体验（礼品的期望值与需求的差距）比较差，因此越来越不被重视，这样的积分会成为闲置系统。

电子商务阶段，这时候的会员体系包含会员、虚拟币、票券、促销、权益等模式，虚拟币更多会体现会员的互动和行为，比如动作、分享、点评以及参与活动等，并通过虚拟货币来进行发放优惠券、折扣票、开展会员促销购买的活动，并可以用来交换特定的权益等。

新零售阶段，会员和积分开始结合平台、大数据和区块链进行更进一步的升级和改造，这也是我们目前在用区块链的思维和技术重构设计会员体系和积分币的核心原因。

2. 会员体系的框架

我们先看看对会员体系（客户忠诚体系）的重构。大家可以发现潜在的一个规律，客户生命周期价值高的客户，都是忠诚度比较高的客户。这也是为什么会员积分体系必须围绕客户生命周期价值来设计的原因了，不同周期阶段和不同级别，对应的服务、积分规则和促销规则是不一样的。

在会员体系框架中，第一个是会员和会员卡。

围绕会员，会有会员级别、会员卡、会员有效期、资格注册方式和卡的设计等问题。金卡银卡钻石卡因为各自价值贡献不同，重要程度也不同，从而享受权益也不同。当然，很多企业将会员级别直接对应到折扣的不同，这一下子就做成了折扣卡。

会员卡是会员体系的主要载体，具有积分、打折和充值等功能，一张小小的会员卡可以设计很多营销方式进去。

为了提高复购，储值卡是非常关键的设计，对满足相关消费最低要求或者最低储值标准的情况来说，金卡会员会给予一定的返点，当储值达到更高标准时发售的是白金卡，而钻石卡只限量发售给高额储值并具有一定身份且由客户忠诚计划特别邀请的客户。

做"积分币",你有没有想过储值的方式变通?进行货币化的身份?或者使用某一种 Token?

在会员体系框架中,第二个是积分和虚拟币。

京东开始启用"京豆"这种虚拟货币,而体现消费的积分则被逐渐放弃。原有的积分体系也可以体现在虚拟货币里面,只不过虚拟货币要考虑一个兑换率的问题。

因为是负债型资产,所以要设计有效期,"京豆"的有效期最长 2 年,最短 1 年,即从获得京豆开始至次年年底,逾期自动作废。"京豆"和人民币兑换比例是 100∶1,即 100 个"京豆"相当于人民币 1 元。这类似于积分币与主流币的 rate。

秉承激励消费者行为的机制,会员赚取"京豆"的方法有:购物、评价、晒单、移动、支付、登录签到等;消耗京豆的方法有:抵现、换券、优惠、抽奖等;会员可以享受的权益有:减免运费、售后、预约、特价等。

如何设计激励机制和消耗规则,这源于你希望消费者有什么样的消费行为。

比如希望带来更多的客户推荐,就可以在客户增加推荐客户的时候回馈虚拟币;如果希望客户有效地完成调查,就可以通过完成调查赠送虚拟货币来鼓励客户;如果希望将虚拟货币跟消费捆绑在一起,那么可以将虚拟货币设置为消费某个菜品或者服务时才生效;如果希望降低礼品成本,可以将虚拟货币通过现金折扣或者赠品赠菜来节省礼品费用;如果想建立比起折扣或优惠更难让竞争对手模仿的机制,可以将虚拟货币跟特定的环境和服务结合起来等。

这就是积分模式在商业生态中的关键，即使是"积分币"，也要结合实际业务进行针对性设计，这样才可能带来持久的增量价值。

在会员体系框架中，第三个是促销体系。

这可以理解为一个组合营销或者个性化促销的引擎，实际上是在将会员、积分／虚拟货币、产品、价格、服务、权益等进行细分后，针对特定的目标会员和业务目的，设计个性化的促销活动规则，吸引会员产生相关的动作。

当然，最常见的动作就是与交易相关，比如现金券、折扣券，比如优惠购，比如会员特价（不是会员折扣，而是不同级别会员可见的特价目录）等。最合适的方式是：首先进行细分，不同会员见到的活动是不同的；然后连消带打，即使用"积分或虚拟货币 + 部分现价"的组合模式来进行优惠购，这样可以在有效降低会员成本的同时带来销售量的增加。

促销必须秉持个性化，根据会员分级和数据分析，给不同的人群传递不同的信息，比如对价格敏感型客户传递相关打折促销信息，对品牌忠诚型消费者有选择性地推送相关的新品上市品尝邀请和价格促销等信息，对即将流失的会员传递积分到期预警信息等。而这些营销活动，不仅要让店内的客户经理通过面对面传递，更应该在系统的支撑下通过多样化的渠道，比如电子直邮、DM 直投、短信彩信、会员感谢函、电话外呼等与客户进行互动，新零售可能通过摇一摇红包、微信群等方式进行互动。

同时，可以针对不同人群设计不同的活动来达到不同的目的。比如想要提升会员的招募率时，可以设计会员推荐会员活动；当要提高活动率时，可以设计会员限时消费特别礼物；当要增加销售量时，可以设计多买得三倍积分的积分活动来刺激会员；当要防止会员流失的时候，可以设计积分到期提醒活动来激活休眠会员。

对于"积分币",促销就是社区运营、赏金计划和糖果设计。

3. 互联网的会员体系创新

古典互联网围绕积分领域的创业有两个方向:一个是积分联盟,做联合积分和异业联盟平台;一个是积分墙,用积分代替广告做一个聚合引流和 CPA 平台。但总体来看,这两个方向似乎都不温不火,没有形成独角兽或者说都没有形成一个典型的快速成长市场。

在通用模式中,对于平安万里通或者万达飞凡等平台,一般是中心化的模式,由平台提供统一系统和 App。

这就会让企业或商户感觉被控制了,自己的客户资源要共享给平台,如果哪天被平台踢开了,自己就什么都没了。而且商户可能觉得跟那几家商户没什么好换的,这里面会充满着松散聚合的商户之间的不信任,即使是一个多元化集团内的不同产业公司之间,也会存在不信任。

另外,目前的积分模式都是价差模式,可以拿出来的积分和礼品都属于从营收的 1%～2% 比例抠出来的费用,价值都比较有限,没有吸引力。同时,前端的通用积分的生成、兑换以及使用比较复杂,后端在不同商户之间的结算也比较麻烦,从而导致积分活跃度低、流动性差,消费者对积分不感兴趣,更关键的是只有单向的积分没有互动。

做到最后大部分仅仅做成了一个会员积分管理,通过消费获得积分,通过积分兑换礼品,变成了一个消耗现金来奖励客户的消费,或者通过积分获得会员级别,不同级别的会员卡提供不同的优惠折扣,沦落为打折卡,继续进行价格战。企业最终培养的是消费者对卡片的忠诚——打折卡、积分卡和身份卡,而不是对品牌的依赖了。

这些弊端,在区块链中的确是可以得到很好的解决,比如信任、分布式账本、激励空间、幅度和互动,都可以在积分币中很好地设计一下。

　　古典会员模式的第二个大问题，就是积分实际上是负债型资产，会员体系是一个巨大的成本中心。

　　会员积分的预算是相对固定的，一般都是按 1∶1 的消费与积分比例进行换算，年销售收入为 10 亿即意味着当年产生的积分为 10 亿积分，按 100∶1 或者 150∶1 的礼品价值兑换比例则意味着要有 1000 万的礼品成本。当然，事情没有那么糟，因为会员的兑换比例和活跃度没有那么高，一般第一年约为 30%，第二年约为 50%，做得好的可以到 60%～80%，所以你可以不用以 100% 计提礼品成本。另外，整个会员模式的运营需要团队、系统、资源等，所以差不多要有 20% 左右的运营成本。

　　综合计算下来，基本上相当于销售收入的 1% 左右，也就是说，销售收入 10 亿，基本上你要计提 1000 万会员预算。而在国外，对于会员计划的预算是按销售收入的 1%～2% 来计提的。这对于企业而言，是一个庞大的负债型资产，是需要付出真金白银的。

　　这方面的问题，在区块链的积分币里可以得到很好的解决，因为积分币不是基于价差来获得激励的"积分"，而是通过发行积分币来进行激励，这样就不会成为企业庞大的负债型资产，因为它只需要一部分营销费用启动。

　　古典会员模式还存在一个复杂的运营体系，造成了管理成本增加，使用效率低下等问题。

　　比如对基础数据的分级分类，客户的细分、会员的分级、会员卡的分级等。对会员接触点进行分解定义，详细设计会员业务情景。设置积分的规则，包括获取积分、消耗积分、兑换等，以及礼品目录的设计。设计会员权益，包括积分、折扣、优惠、合作商户等。设计不同档期的促销活动、营销活动，促进会员的活跃度。提供会员服务，制定互动沟通计划，发送 DM 通讯等。加强会员联盟的商户开发与管理、结算等。最后，基于数据进行会员的数据营销。这一套复杂的运营体系需要一个完善的组织架构、严谨的财务评估、强大的会员管理系统以及庞大的数据分析工作。

在区块链的积分币里面，通过智能合约可以有效地进行智能化实现，甚至可以通过 AI 实现部分规则的人工智能化。而管理组织不再需要固定的运维团队，而是通过经济生态中的节点、会员来实现区块链上的社区自治。因为积分币的支配权是属于消费者的，由消费者来进行控制和管理。

积分墙本质不是通用积分模式，更类似于"广告条""插屏广告"，是第三方移动广告平台为移动 App 设计的广告盈利模式。

因为积分墙是按照 CPA（Cost Per Action，每次行动成本）计费，只要用户完成积分墙任务（比如下载安装推荐的优质应用、注册、填表等行动任务），开发者就能得到分成收益。CPA 单价根据广告价格而定，广告价格越高，单价也会越高。

积分墙提供的是一种互动机制，让积分取代收费，将成本转移到愿意付费推广的广告商。目前国内做得比较好的有万普、有米、多盟、力美这些公司，但目前的积分墙模式还不太被广告主认可，也存在一部分刷单薅羊毛的情况。

从区块链的角度来分析积分墙，在激励上是相同的，但激励对应的行为却不是消费者真正需要的行为，比如安装应用、注册等，存在着做完任务后再删除的情况。由于聚合的是广告模式的各种任务，没有特别吸引消费者的场景，所以黏着度和活跃度不会高。如果用区块链的积分币来设计积分墙，倒不如设计一个糖果墙，将各家的糖果，尤其是传统企业货币化后的糖果，做成糖果墙，实现糖果分发和赏金计划，这是可行的。

4. 积分币的设计思考

区块链的积分币平台的最大优势就是不按先来后到或者股份比例分配利益，而是将积分和权益货币化，这样你的资源多流量大流动快，自然获得的积分币就多，这是一个透明的、公平的、去中心化的、敬畏积分币算法共识的开放平台。

那么，如何设计积分币？可能大多人想到的是消费挖矿，也就是用积分币来进行激励用户的行为，具体的行为跟 Token 的场景相结合，而空气币则是直接与某个行为挂钩，不需要设计 Token。

积分币的"消费挖矿"思路是错误的。或者具体一点儿，基于已经产生的消费记录进行代币激励是错误的，我们要去刺激未来的消费或者创造新的价值。

忠诚会员体系有三个核心：积分、会员和促销。积分，是为了激励；会员，是为了差异化；促销，是为了复购。而 Loyalty 体系本质上是会员生命周期管理，要建立持久的信任关系。

所以，积分币的设计不能只是积分的激励，还要考虑会员的 Token 化，比如会员级别或者会员卡。促销场景的智能合约化，目的是实现各种智能促销。尤为关键的是，你要考虑设计一种什么样的信任关系，才能作为积分币的一种共识？

以下的一些关键问题，有助于你进一步了解积分币的设计框架和模式：

- 做积分币的定位客户是谁？商家还是消费者？
- 积分币的 Token 是什么？
- 你想让他们形成一个什么样的共识？
- 会员的算力如何设计？

- 积分币的哪些数据上链？哪些数据不上链？
- 如何让消费者支配积分币？
- 如何让消费者主动来挖积分币？
- 如何让参与的商家有自主权？
- 促销不能用精准推荐，那么用什么？
- 积分币的矿机是什么？
- 积分币的总量应该与什么挂钩？
- 不上交易所的话如何增加流动性？
- 积分币在 C2C 交易市场的交易对品牌商家有什么价值？
- 积分币未来的发展方向是什么？

最后，做"积分币"是不是一定要 ICO 呢？实际上，积分币不一定非要 ICO 上交易所。积分币需要的是流动性和增值趋势来盘活平台，ICO 上交易所是与加密货币挂钩交易实现流动性，如果不 ICO 上交易所而是与实物资产即用户所需要的商品进行流通，也是可以实现部分流动性。

积分币可以不做 ICO，不过可以做一个积分币的 DApp，将发币的技术架构、Token&Coin 的设计、消费者对积分币的期望结合在一起，来吸引会员流量，集聚百万量级的用户。原来进行流量开发的市场费用用来兑现用户的糖果，用合作商家的"赠品"来实现用户的积分币的"有限"流动性。同时，也可以通过礼品卡或者储值卡等通道，实现锚定的感知价值和流动性。

总而言之，基于区块链的公共账本、去中心化、陌生人共识、货币化、匿名隐私、挖矿场景的积分币，的确颠覆了多年来的通用积分联合积分模式。但你是以一个试图做成另一个中心化的积分币平台的私有者角度来操作，还是一个去中心化的开放性积分币平台的合伙人角度来操作，直接决定着平台的成功与否。

概要定义

积分模式的基础是会员，会员体系的核心有三个：会员、积分、促销。会员，是为了差异化；积分，是为了激励；促销，是为了吸引注册或复购。而会员体系本质上是会员生命周期管理，要与会员建立持久的信任关系。

所以积分模式的 Token 会有几种类型：会员 Token，类似资产或者身份；积分 Token，类似积分币；促销 Token，往往与积分币相结合，类似糖果或券。其中，会员 Token，会强调分级服务和限量，突出 VIP 会员的稀有性和差异化服务；积分 Token，会强调积分的通用性、代币的增值，突出积分币在商家的通用性，以及积分币的流动性、通用性；促销 Token，会强调糖果的拓客引流和促销，将促销都货币化为糖果，实现糖果分发和赏金计划。

积分模式的 Token，围绕会员、积分、促销，可以通过智能合约实现有效的智能化，甚至可以通过 AI 实现部分规则的人工智能化。通过积分生态中的节点企业、会员来实现区块链上的社区自治。区块链把积分模式的支配权重新赋权给消费者，由消费者来进行控制和管理。

积分模式的 Token，核心是积分币的机制，也就是消费挖矿。消费挖矿，不是只对已有消费的激励，而是对预期消费或行为的激励，要能够激励或者刺激会员产生未来或预期的消费或行为。比如航空公司白金卡（会员 Token）的服务非常高端，但达到白金卡需要 16 万里程或 90 个航段；积分币可以在下一次乘坐航班时用来升舱；糖果券（促销 Token）可以在下次购买机票时抵扣 100 元。这都是在刺激未来的消费。

在整个积分模式中，用促销糖果来拓客，用会员级别来差异化服务，用积分来激励消费、奖励复购和推荐行为，并引入品牌和商家进行异业共享流量、刺激积分币流通，建立品牌、商家和消费者的信任共识，货币化消费行为和推荐行为，让消费者真正享受到"消费即投资"，积分也不再是企业的负债型资产而是收益型资产。

业务模式

积分模式 Token 一般会结合实际产业或者平台的需求设计 Token 组合来满足会员、积分和促销三个核心部分的需求，比如会员级别的 VIP 设计为限量的 VIP Token，促销的糖果或营销任务设计为增量的糖果 Token，有特定的记账节点权限或者发 Coin 的商家设计为限量的金牌商家 Token，积分设计为积分 Coin。

商家包装并发放（或空投）糖果到潜在客户，消费者通过扫码、参加活动或者场景 DApp 来抢糖果，获得一定数量的糖果，可以兑换商品礼品，也可以转化为积分 Coin。

金牌商家可以购买并发行自己的积分 Coin 和营销任务，普通商家需要购买平台的积分 Coin，与消费和任务相结合，通过智能合约实现智能化。消费者通过 DApp 扫码消费或者提交消费验证后挖矿积分 Coin，也可以在 DApp 里面完成各种任务比如注册、邀请、推荐等来提高算力进行挖矿，挖到积分 Coin 后获得各种激励或奖励。

金牌商家也可以结合相关新零售平台提供基于 AR 和游戏化的场景，消费者在店内购买或者接近提供积分 Coin 的门店就会被提示有糖果或者挖矿任务，也可以将店内的 GPS、iBeacon、Wifi 和 RFID 等新零售技术与积分模式的寻宝游戏相结合，实现线上线下融合的挖矿寻宝抢糖果。

积分模式的消费挖矿，以会员等级、消费以及预期任务行为等算力，通过升级、消费和完成邀请、推荐等任务进行挖矿，获得积分币激励或会员 Token、促销糖果。品牌企业和商家，通过商家 Token 来获得记账权，可以发行自己的专属 Token 或商家积分币。消费挖矿，还可以结合推荐激励和微商的模式，用智能合约实现基于会员 Token 的返点、基于积分

Token 的消费返利或代币返利。

消费者通过会员钱包 DApp 可以参与到挖矿场景，在钱包里面可以看到自己获得的积分 Coin，也可以在兑换市场兑换奖励项目和礼品商品。积分 Coin 本身的奖励价值上升，还有数字加密代币的预期，同时具有代币的交易流通、兑换和转赠功能。

积分模式的平台实际上是企业和商家的联盟平台，金牌商家可以获得记账权和发币权，并参与奖金池的分润。兑换市场实际上就是联盟平台的交易市场，可以对积分 Coin 与商品礼品的交易交换、VIP Token 和金牌商家 Token 的交易交换。但由于部分政策受限不能直接与法币兑换，所以可以采取将商家或企业发行 1 ∶ 1 锚定法币的礼品卡 / 礼品券（Gift Card/Coupon）用于法币购买和交换，而积分 Coin 和 Token 都可以与礼品卡在交易市场进行兑换。为了合规，也可以将积分模式的 Token 与公开发行的 Coin 进行隔离，隔离墙内是产业的积分联盟链（只有兑换市场没有发币），隔离墙外是公链的积分币。

积分模式的 Token 和平台，实际上是在为中小企业或商家赋能，相当于提供了一个中小企业免费版积分区块链解决方案，只需要用比原来大量投入少得多的营销费用来购买积分 Coin，就可以低成本或免费实现积分模式区块链，可以在联盟平台任意商户兑换，进行接近实时的交易，还可以与其他的品牌积分 Coin 或部分加密代币进行兑换。

积分模式平台同时提供精准空投（AirDrop）功能，为商家或者品牌提供精准推荐或点对点发送积分 Coin，并通过区块链提供精准的数据分析。

积分模式 Token 的平台需要基于共识和社区自治机制，对 Token 的限量和发行节奏、积分 Coin 的储备、Token 和 Coin 的管理流程等进行运营管理。

设计

1. 战略定位

一句话：让积分成为可流通可增值的数字加密代币。

积分模式的 Token 定位是让积分能够具有流动性和可增值的预期，并通过限量的 VIP 服务和商家服务来提高积分的需求，以此来吸引和激励消费者形成一个消费升级的经济生态体系。

2. 客户细分

一个人：经常或喜欢购物、有潜力成长为消费狂的消费者。

积分模式的目标客户群体就是消费者，围绕品牌和商家的消费者，包括潜客、现有客户或会员甚至包括已经流失 / 休眠的老客户，尤其是对消费升级和数字生态感兴趣的年轻人，通过积分模式的 Token 和 Coin 可以让其交易或者挖到好玩的商品或增值体验。

由于积分模式 Token 也是为品牌和商家赋能，所以中小企业和部分大中型零售企业也是积分模式的目标客户，企业客户主要从记账节点、发币权利、积分 Coin 运营、促销与营销任务、礼品与礼品卡等方面进行深度运营。

3. 入口场景

一幅画：积分模式的核心场景就是消费挖矿，只不过这个挖矿不是简单地进行消费就得积分，而是从刺激未来的预期收入或行为来设计场景。

主要场景入口是 DApp，通过 DApp 可以抢糖果、寻宝、消费及完成任务从而获得算力并进行挖矿，这是积分模式 Token 的核心应用场景。

由于积分模式的 Token 流通非常关键，所以基于流动性的交易市场也是一个关键场景，消费者在交易市场可以用积分 Coin 或者 VIP Token 等与商品、礼品或者法币等值的礼品卡 / 现金券等进行交易或兑换，并可以通过隔离墙之外的积分币来与其他数字代币或法币进行交易。

4. 资产价值

一个数：积分模式的资产价值就是消费指数。

消费行为和推荐行为越多，消费指数就越高，积分模式的 Token 价值就越坚挺。

积分模式的 Token 激励的就是消费，尤其是带来预期收入的未来消费，而不是已经发生过的消费，所以其价值与消费指数密切相关。同时，流动性也会营销 Token 价值，但消费越多意味着交易和交换兑换也会越多，再结合限量、回购销毁等运营，流动性就会增强，这是一个良性的生态体系。

要让积分模式 Token 成为企业的可以销售的收益型资产，而不再是负债型资产。

5. 共识算法

一个共识：积分模式 Token 的共识是一种消费共识，它虽然是挖矿，但不是挖矿常见的工作量证明的 PoW 共识，而是以品牌或商家为分布式记账节点，以消费者认证使用 DApp 进行消费和行为确权形成的消费共识，可以称之为"PoC"（消费共识）。

积分模式的消费共识，要让消费者认可，感觉有价值有吸引力并积极参与到消费挖矿中来，还要让品牌、商家、零售商或运营商等节点企业形成一种消费者的消费共识，比如糖果、积分币、礼品卡的共同发行、交易和兑换等共识。

6. 结构治理

一套治理：积分模式的治理结构很关键，不只是发行一个积分币就可以，而是要设计好积分模式的 Token 组合：VIP Token、金牌商家 Token

和积分 Coin。

当然这并非每一个积分模式的区块链都需要进行如此设计，而是要根据具体的需求，结合商家的联盟链和消费者的公链设计框架进行积分模式 Token 的设计。如果有 Token 权限的金牌商家可以发行自己的商家代币，那么商家积分 Coin 与平台积分 Coin 的治理关系也很重要。

一般而言，商家积分代币可以用于购买、兑换商家的产品和服务，而需要平台上或者其他商家的产品和服务就需要通过平台积分代币来交易。平台会对每笔代币支付收费，费用收入累积到资金池。

治理结构中的分配比例，需要考虑糖果、促销、回购等设计。战略合作伙伴的选择，可以着重选择大零售商或者已有的积分平台企业，这样可以充分发挥原有会员和积分盘活的价值。

积分模式的结构中有大量的积分规则、激励惩罚机制、任务和活动等，所以在智能合约上要进行复杂而严谨地设计，确保智能化实现没有漏洞和隐患。

7. 经济模型

一个模型：积分模式 Token 的经济模型，跟货币模式一样，也是围绕货币供给理论来达成的，一般按照预期影响的会员和会员总消费指数（总消费价值）进行设计。

具体的对应关系和公式系数，每一个不同的产业有不同的情况，但大体上，积分 Coin 的数量可以在 10 亿～50 亿个，单价根据总消费价值来动态评估确定。VIP Token 的数量按帕累托法则可以是预期总会员的 1%～2%，如果会员数量巨大可以在 1% 以内。金牌商家的数量可以占预期发展商家总数的 2%～5%。而能够发行商家积分 Coin 的数量不要超过商家总数的 1%，因为不同代币之间的交易兑换和管理非常复杂。

为了确保积分模式 Token 的含金量和稀缺性，VIP Token 和金牌商家 Token 一定要在合理范围内继续限量，或者第一阶段公开发售的只是设定数量的 20%～30%，分阶段放出。奖金池的分润通过可以发币和记账节点的金牌商家进行分配，进一步提升积分模式 Token 的价值。同时，用资金池的资金进行积分 Coin 的回购、销毁，提供流动性智能合约来解决减少积分 Coin 的价格波动和持续的代币买卖交易，比如通过智能合约用资金池的资金在交易市场按价格递增模式竞拍代币，促进流动性和升值预期。

8. 模式运营

一套运营： 积分模式非常依赖于运营，相当于货币化的通用积分，这个大的异业联盟，需要品牌企业、广告代理、商家、消费者等进行统一的平台运营，包括一个企业的区域社区，消费区域内的企业、商家等的联合推广和应用。一个消费者社区，会员和消费者的互动、消费和激励非常重要。

商家的赋能平台、热点趋势、积分代币与比特币的互通、免费会员服务和糖果促销等，都需要运营，相当于每一个商家在利用一个统一的积分区块链平台进行自己的会员、积分和促销的货币化运营。

消费者从糖果或者挖矿吸引开始进行简单便捷的会员注册、奖励增值、不同商家平台奖金汇聚统一、兑换通用、代币不会过期、越来越刺激的购物体验等流程，这需要一个统一的会员平台运营，陪消费者玩好赚好。

要素

目的需求： 解决积分的流动性和感知价值，解决方法就是货币化。

适用性： 适用于消费行业、服务行业以及已经有积分的企业。

必要性： 必要，现在的积分存在致命的缺陷，大部分成为鸡肋和闲置。

效果：货币化的积分模式流动性增强，支付或者升值功能增加，成为消费升级的数字加密货币，但也容易成为洗钱或者薅羊毛的目标，而且让跨平台跨行业的用户接受也有一个过程。

实现：积分模式的实现一定要注意品牌和商户的参与以及共识。

相关模式：积分模式与货币模式、数据模式和矿机模式有关联，积分模式相当于是货币模式的子类，而与数据模式和矿机模式可以相互组合，数据模型往往是会员积分模式的第二阶段，矿机模式可以是消费挖矿的积分来源。

Token 案例

1. BitRewards

BitRewards 是一个区块链忠诚度平台和生态系统，其最佳服务对象是电子商务的企业。它让商户企业通过加密货币奖励客户购买、邀请朋友和其他可配置的行为。商户企业还可以使用 BitRecommendations（AI 数据分析系统）更好地激励每位商家的消费者采取最有效的行为。BitRewards 将成长为一个生态系统，可以让所有参与者受益，包括客户和零售商。

BitRewards 代币被称为 BIT，它符合 ERC20 标准并在以太坊发布，用于处理 BitRewards 生态系统内部的所有操作。在 BitRewards 网络的消费者在购买、推荐或者通过社交网络的"分享"和"点赞"后，将收到商户奖励的 BIT。BIT 的价值由公开的加密货币交易所决定。BIT 可以兑换成 ETH、比特币或当地法定货币。所有使用 BitRewards 网络的平台和其他合作伙伴的商家都会接受和认可此等代币。

BitRewards 是利用区块链和智能合约技术构建的 B2B2C 忠诚度奖励解决方案。因此它重点解决了传统忠诚度项目中账户重复注册和不活跃、积分兑换率低、奖励激励性不足以及项目建设成本高等问题。

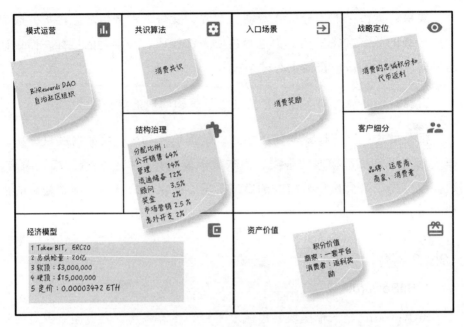

LamTex 画布分析

2. LoyalPlatform

LoyalPlatform 是由 Appsolutely 公司打造的，用于推广下一代顾客忠诚度管理的全渠道生态系统。这个平台将包括崭新的虚拟货币、电子钱包、白标 App 和众多加盟的商户。其目标是将传统的、乏善可陈的积分奖励系统变成一套有鲜明价值导向、以加密货币为基础的忠诚度系统。

LoyalCoin 是该平台的核心，是整个生态的货币。顾客通过消费获得 LoyalCoin 奖励，并可以使用 LoyalCoin 兑换生态中任何商户奖励内容，并可以与其他法币或加密代币兑换。LoyalCoin 发布在 NEM 区块链上，持币者可以查询余额、转赠并用于付款和兑换。LoyalCoin 还支持离线状态下的提款和转账功能。

LoyalPlatform 特别突出了通过通用虚拟货币在众多商家及其线下零售渠道和消费者之间形成的生态系统，从而满足消费者对于忠诚度奖励更加灵活和更有价值的诉求。也通过白标 App 和 POS 设备的集成为商户接入创造了非常便利的环境。

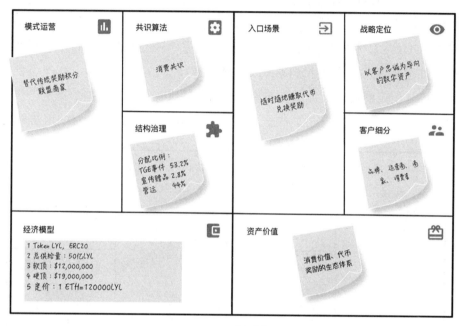

LamTex 画布分析

3. GATCoin

GATCOIN 是一个支持安全交易商户代币以及低成本跨界支付和微交易的平台。它会增加当前未使用（且经常被抛弃）优惠券和忠诚积分的流动性。

GATCOIN 是一种新式加密货币，会在以太坊主网络上发布。GATCOIN 是首个专门设计的支持商户便捷地向大众消费者发行品牌加密货币的系统。折扣券、忠诚积分和礼品奖励会被代币化，并按照地理位置以加密货币形式点对点共享给 GATCOIN 区块链上的消费者。

商户还可通过此系统发行自主品牌的数字代币，可用作折扣、礼品卡和其他促销优惠。这些代币被称为商户代币。这些商户代币用于从参与商户处购买或兑换真实产品和服务。这让商户能用最少的配置，向广大消费者发行这些代币，从而快速将代币的使用作为整体营销战略的一部分采用。

GATCOIN 的消费者再也无须携带实体优惠券或忠诚卡，通过智能手机携带意味着可实现精准定位，可以提供特定的点对点共享。GATCOIN 的定向 A-Drop 技术支持品牌和商户根据精确的地理位置、人群特征和消费偏好，推送特别优惠和折扣到 GATCOIN 平台用户的钱包。而用智能手机钱包交换与使用商户代币及进行交易可生成各种宝贵数据。这些数据进一步帮助商户和品牌，让它们根据兴趣、人群特征或地理位置瞄准特定的用户群。

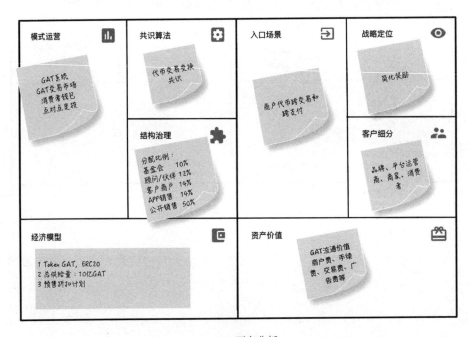

LamTex 画布分析

4. GiftZ

GiftZ 网络是一个向商户企业销售加密代币的平台。特别对于中小企业来说，直接购买加密代币是零门槛和低成本的。商户企业将所购的加密代币奖励给它们的消费者，将企业忠诚度计划从"单一投入"变成"独一无二的资产运营"。而它们的客户则可以通过基于 AR 和游戏化的场景安全地赢取、分享加密代币，并在 App、WebSite、Videos Game、TV 等全渠道、跨商户使用。

GiftZ 的加密代币包括 itCoin Black、itCoin Gold 和 itCoin Silver 三种，它们是 GiftZ 平台最具吸引力的设计。itCoin Black 是发行在以太坊的，具有最高价值的加密代币。也是可以通过公开交易市场或 GiftZ 的交易市场与比特币、以太币公开交易的加密代币。itCoin Black 与法币实行价格锚定，并通过以太坊智能合约进行流动性管理。itCoin Gold 和 itCoin Silver 是基于 DPOS 区块链发行的内部加密代币，因此可以支持每秒钟千次级的分发、兑换和转赠。同时 itCoin Gold 和 itCoin Silver 也可以使用 GiftZ 数字钱包与 itCoin Black 进行跨账本兑换。

GiftZ 生态通过同时提供公开交易的加密代币和支持高速交易的内部加密代币为商户企业提供快速低成本、近实时的忠诚度管理基础。GiftZ 的流动性智能合约又可以让消费者在多个商户的积分奖励项目、场景中随意兑换使用加密代币并不断升值。

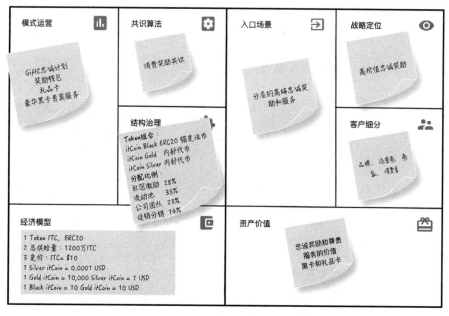

LamTex 画布分析

5. 迪拜积分

迪拜积分（Dubai Point）是基于区块链和智能合约技术构建的统一忠诚度奖励平台。从区块链技术的视角来看，迪拜积分具有四个典型的特点：多商户间更多的协同运营、实时性操作、通过 Token 更有效地记录交易并提供定制能力以及简化忠诚度项目的资产负债表管理。

迪拜积分是基于 IBM Hyperledger 项目的 Fabric 框架建设的。区块链和智能合约技术不仅降低了迪拜积分项目的管理成本，还大大提升了项目的客户体验和收益。例如输入信用卡信息，通过迪拜积分自动完成账单支付来取代开出传统的纸质发票和账单的支付过程。基于分布式账本和可编程积分技术，获取和使用迪拜积分的方式将会更加动态、多样化和定制化。

该项目还提供一个移动应用：DubaiNOW。该应用为迪拜的居民提供了统一访问包括支付账单、检视政府服务进展以及访问医疗保障信息在内的 22 项政府公共事务的智能服务。

第 4 节　矿 机 模 式

矿机模式的 Token 是一种组合模式，它基于"矿机 + 币"的模式，用户和投资人可以用矿机（专用硬件设备或者 DApp 软件）进行挖矿，获得平台专属的数字加密代币，通过兑换或交易赚取收益。

矿机模式适合那些硬件设备制造商，比如路由器、智能家电、智能穿戴设备、机器人等制造厂商，或者 App 开发商，比如互联网平台、游戏开发厂商。

传统产业在矿机方面存在的问题：

● 设备和资源闲置、浪费。

- 缺少将用户数字化的最佳途径。
- 个人用户没有机会参与。

思考：从各种 ×× 星球、×× 宝来看软硬皆施的区块链矿机

金融创新还是要脱虚向实，区块链也一样。互联网公司容易脱离实际的商业实体和零售场景，基于互联网设计比空气币更靠谱些的区块链模式，比如迅雷的玩客云、暴风的播控云、2345 章鱼星球等"硬件（矿机）+ 币"的模式，比如网易星球、布洛克城、InsurWallet、麻吉宝等（数据App+ 币）的模式，这些模式比较好地绕过了监管的关注，也进一步验证了在区块链积分、数据和数字资产方面的设计思路，而只有结合实际的产业、商家、消费者以及场景，这些模式才可能真正支持实体经济，实现快速转型升级。

区块链矿机中，硬件矿机一般从一个分布式共享的云盘入手，进入到挖矿场景获得不叫"币"的 Coin ；软件矿机从一个分布式参与的 DApp入手，进入到算力游戏和挖矿场景获得不叫"币"的 Coin。二者殊途同归，通过一个应用场景，将一种特定共识的数字加密代币，让每个人都可以成为矿工，通过价格不高的矿机或者免费的 DApp，人人皆可挖矿。这也是一种特殊的代币"普惠"。

硬件矿机的场景是 CDN 带宽共享或者云盘共享，再附带一些任务和价值点，来获得比如"链克"等激励，形成一个生态机制。软件矿机的场景是基于互联网流量用户，提供一个若即若离的关系场景和算力游戏，通过相关联的关系和完成各种任务来提升算力，基于算力来挖矿和挖宝，获得比如"金钻"等激励，再利用兑换市场的交易最终形成一个生态机制。

矿机给区块链带来的启发是不一定要发币，而是通过矿机也可以实现

生态体系内的流动性，用矿机硬件设备的畅销和抢购获得类似 ICO 的资金，再在体系内的交易市场（相当于二级市场）将不公开上交易所的"币"与实物商品进行交换和流通，通过锚定商品的可感知价值，打造一个币物的"交易所"，同样实现了流动性和预期上涨的趋势。

区块链体现的是一个分布式的人人主权时代，消费者主权非常彻底。与人绑定（用户购买后注册账户进行绑定才进入到激励计划）的矿机，相当于一个认证的节点，而矿机所在的区块链平台有一个特定或自有的共识，类似 PoS 或 Po"X"共识算法。矿机的 IPFS 储存共享和算力共享，是硬件矿机和软件矿机的不同之处。最终，通过体系内循环的交易所类似于去中心的分布式交易所，这与发币又完全不同。

这是一个典型的 C 端模式，它强调了要引爆 C 端流量，同时将个人的行为或数据通过矿机进行货币化，这很吻合区块链对人的定位和理解。基于这样的设计，区块链可以不做 ICO，可以做一个面向消费者的积分币 DApp，将发币的技术架构、Token&Coin 的设计、消费者对 PointCoin 的期望结合在一起，来吸引会员流量，集聚百万量级的用户，原来进行流量开发的市场费用来兑现用户的糖果，用合作商家的"赠品"商品来实现用户的积分币的"有限"流动性，为部分没有交易或价格极低的空气币提供锚定"赠品"商品感知价值的"有限"流动性。这也算是一个不暴利割韭菜的方向吧。

我们可以看看目前几家软件矿机的 DApp 场景，是如何提升消费者的主动性，让消费者"感觉"自己在掌控挖矿（货币化过程）？在挖矿场景中，游戏化和算力的设计又是如何实现的？

整个软件矿机的应用场景设计几乎如出一辙，全都是算力（原力）值，然后是挖矿（挖宝），最后获得金钻（宝）。提升算力的途径又全都是完成各种任务，需要完成整个生态体系内的任务（比如网易的 DApp 需要完成网易音乐、网易考拉、网易资讯等任务）。算力大小直接影响挖矿的速度，也就是金钻的获取速度，这个算法被称为 PoX（比如麻吉宝的叫 PoE 共识算法）。然后推广模式一律采取邀请制，邀请好友是唯一入口，也是获取原始算力的途径，这样引导用户进行社交好友引流。

网易星球 – 麻吉宝 -InsurWallet 的 DApp 对比图

这种矿机模式的 DApp，结合了部分游戏化的设计，抓住消费者对币的预期尤其是看涨趋势，与设备、数据或者任务结合起来，也是非常巧妙了。但唯一不足的是设计创新不足，算力挖矿的 UI 几乎千篇一律。

概要定义

矿机模式是借鉴自早期专门用来挖取各种比特币和数字加密代币的 ASIC 矿机和 GPU 矿机，这些矿机会消耗大量的能源和算力。到后来 CDN 矿机出现，从最早的 IPFS 开始，通过路由器或智能盒子等硬件共享带宽和数据存储来挖矿，能耗比较低而且可以有效改善网络状况。随着应用场景的拓展，矿机从路由器等硬件扩展到智能穿戴设备，成为矿机模式的 Token 专属挖矿设备。再后来，软件形式的 DApp 挖矿出现，用 DApp

模拟一个矿机的算力进行挖取特定的 Token（Coin），将矿机和游戏的场景融合在 DApp 中。

矿机模式的 Token 首先要有一个挖矿的共识，与挖取比特币等的 ASIC 矿机对应的是 PoW 共识不同，CDN 矿机或者智能穿戴矿机以及 DApp 矿机都会有自己独特的共识机制，基于这个共识机制可以挖取到"币"。所以矿机模式是一个"硬件（矿机）+ 币"的模式。

有了矿机（包括硬件和软件矿机），才真正地实现了人人可以挖矿的普惠平等。一个矿机背后可以挖矿的代币，是一种可以自定义的共识。一个"认证"的矿机硬件节点，可以运行类似 PoX 共识算法。你设计的矿机模式的 Token 是用什么样的 Po "X" 共识？挖取的是什么样的代币？

当共识形成，Token 产生增量价值时，就有可能不用发行代币（Coin），而是基于用户对矿机的需求和期望，用矿机的硬件销售替代 Token 的 ICO，通过火爆的矿机预售抢购比较隐性地实现了流动性和销售收入的提升。而在部分国外的 ICO 项目中，将产生代币的矿机工具（软件系统）和代币用隔离墙分开，也是一种合规方法。

业务模式

矿机模式的 Token，可以理解为"万物皆矿机"，人人皆可挖矿。矿机不仅仅是产生 Token 的唯一入口，而且是用户进行互动和交互的关键触点。基于矿机可将用户的一部分行为数字化，通过硬件设备的 ID 标识与用户的 ID 进行绑定，并与挖取到的 Token 进行关联，形成一个特殊的"矿工"身份。这个绑定了矿工的矿机，就成为一个认证节点了。

矿机的共识是特定的共识机制，硬件矿机基于内置的共识机制进行挖矿，软件矿机 App 基于特定的共识机制产生算力，在算力的基础上进行挖矿。这种共识机制，根据各家矿机场景的不同而有不同的设计，即 PoX 共识算法，存储矿机的存储量证明（PoSt）、健康矿机的健康证明（PoH）等。

DApp 矿机，往往会跟各种任务、消费或者推荐、邀请等相结合，以此来提升算力，从而可以提供挖矿的成功率或者总量。也有的 DApp 将游戏场景和业务场景进行融合，让用户更加享受游戏的娱乐性，从而提高用户的活跃度，提高转化率。

矿机挖矿出来的 Token，就是激励的代币，但是国内平台为了合规只叫 Token，不叫 Coin，也不 ICO。本质还是不发币的代币，而这个激励，因为承载着预期价值，并通过交易市场有流动性的特性，所以可以有效地刺激经济生态体系。

有的矿机是专属矿机，只设计使用于特定的应用场景，比如心脑血管监测仪的健康矿机，它主要是围绕人的数字化，将人的行为属性等都转化为数字和上链，在一个特定的共识算法（比如 PoH）中转化为一个指数（比如健康力），该指数与代币进行关联。

由于矿机模式可能不公开发币（ICO），所以需要进行社区社群的打造和运营，通过交易市场获得流动性。投资者运营和教育做得好，再结合矿机设备的限量限售等营销策略，可以形成火爆的预售和抢购形势。

矿机是自带 CPU 算力的设备或者区块链手机时，可以基于芯片和算法的结合开发特定共识的底层链平台，可以有效解决节点、投票、权益证明等问题。

设计

1. 战略定位

一句话：万物皆矿机。

矿机模式的 Token 的定位是让每个拥有矿机的人都可以挖矿，而且每一个可以建立共识的"物"也都可以成为矿机。这种模式将承载特定共识的产生机制并成为认证节点的手段，挖矿产生的 Token 可以对用户进行激励，同时构建并维护生态。

2. 客户细分

一个人：共享、参与、开放的投资者。

矿机模式的目标受众是愿意共享和参与的投资者，通过矿机参与到挖矿记账和激励生态中；还有一部分是有开放心态的愿意成为节点的企业或者机构，通过矿机或者矿机池成为节点或者超级节点。

个人投资者的矿机采用投资消费模式，节点的矿机采用企业投资模式，二者的发展模式不同，而且企业模式中除了包括矿机之外，还包括其他服务、收益或者投票权等权益。

3. 入口场景

一幅画：矿机模式的核心场景就是矿机挖矿。

矿机挖矿的场景与矿机内置特定的共识相结合，硬件矿机是自动挖矿的，DApp 矿机是用户启动才能挖矿或者在 DApp 游戏任务场景中才能挖矿，最终用户获得激励的 Token/Coin。

4. 资产价值

一个数：矿机模式的资产价值就是与挖矿对应的资产价值。

由于挖矿的场景和共识不同，产生的资产价值也不同，IPFS 等产生的是带宽和存储资源的共享价值，别的矿机产生的是与它的共识相结合的价值、资产价值可能是限量的，挖矿难度是随着时间递增的。

5. 共识算法

一个共识：矿机模式 Token 的共识类似于 PoW 或者 PoS，是一种

Po"X"，一个矿机对应的是一个特定的共识。

比特币的 PoW 工作量证明共识，通过比特币矿机来进行算力挖矿以获得比特币激励。这里所说的矿机模式 Token，基本上都不采用 PoW，而是对应一种场景，比如在储存模式是 PoSt（存储量证明）、在健康矿机中是健康证明（PoH）、在新零售的智慧盒子矿机中是消费证明（PoC）等。

矿机模式 Token 的共识，不仅是为了激励用户，更关键的是推动用户参与到场景中，比如健康运动、消费购物等，从而可以产生实际价值，而这个价值与挖矿所获得的 Token 又可以相互结合，从而形成一个生态。

6. 结构治理

一套治理：矿机模式 Token 的治理需要考虑两个方面 —— 矿机和 Token（Coin）如矿机的配置、数量、定价和销售节奏，矿机模式的 Token 的数量、定价和发行节奏，这些是矿机模式治理的关键。

由于合规的需求，矿机模式的 Token 往往放在次要位置，主要突出矿机，所以矿机的总量和销售节奏是核心，通过矿机的预售和抢购来曲线带动矿机模式 Token 的发展。

7. 经济模型

一个模型：矿机模式 Token 的经济模型与智能硬件制造的模式有些类似，矿机要进行限量，不能无限生产；而矿机挖矿产生的 Token，要根据共识场景进行货币模式的设计，不是单独设定货币总量和供给方式，应将货币总量与矿机运行情况相结合。

矿机限量可以给矿机模式下的经济模型带来通缩的效果，还会形成抢购的情况；在抢购的基础上，也要设计好矿机的交易市场，通过矿机设备的交易市场来实现矿机模式的流动，也就是不发币就已实现部分流动性和预期看涨收益。

8. 模式运营

一套运营： 矿机模式的运营主要是矿机的运营，其中包括硬件矿机的推广销售和限购限售，还包括与 DApp 矿机相关的社区运营。硬件矿机的销售运营可以结合智能硬件的销售模式，进行节点、代理等不同模式的尝试。

除了销售运营之外，还要进行市场宣传和包装，通过事件进行 PR 推广，利用社群社区促成用户对矿机场景的讨论、试用和推荐等。

要素

目的需求： 矿机让每个人都有机会参与挖矿获得有价值的 Token。

适用性： 适用于有智能硬件或者核心参与场景的业务，与货币模式相结合。

必要性： 通过矿机实现流动，避免发币的不合规。

效果： 矿机预售抢购，还可以作为认证节点，但交易兑换市场需要运营好。

实现： 需要设计好矿机的共识和场景，与 Token 价值相融合。

案例： 玩客云等。

相关模式： 矿机模式与货币模式一起使用，也可以与积分模式的消费挖矿、数据模式的数据资产、服务模式的服务数字化、粉丝模式的专用播放器相组合。

Token 案例

1. 玩客云

玩客云是全球首个共享计算 + 区块链应用的智能硬件，是 C 端区块链应用产品。玩客云打造的玩客奖励计划，鼓励用户分享闲置的网络带宽、存储空间以及计算资源。玩客云智能硬件所有者通过参与奖励活动赚取链克。

链克（LinkToken）是指在玩客云共享计算生态中基于迅雷区块链技术生成的共享资源的工作量证明。用户可通过购买玩客云智能硬件设备并激活玩客奖励计划，通过共享带宽、存储空间及计算资源，按照链克产生规则获得链克奖励。用户可使用链克兑换与共享计算相关的产品和服务，如视频网站会员特权服务、网络加速服务、云存储服务、共享内容服务、游戏内容服务等，也可以用于迅雷直播、迅雷 U 享版、迅雷 PC 影评、迅雷会员等迅雷旗下多种产品服务，还可以兑换边缘计算、函数计算、共享版 CDN 等云计算产品。

链克每天产量固定，第一年每天产量约 164 万个，每 365 天减半一次。链克奖励的数量由上行带宽、硬盘存储空间、在线时长、当日链克的总产量等四项数据决定；奖励分数由上行带宽、硬盘存储空间、在线时长等三项数据决定，按照分数占全网总分的权重，获取当日产生的链克。随着玩客云设备数量的增加和链克产量的减少，链克的获取难度会越来越大。

2. CarBlock

CarBlock 是全球首个以区块链技术为基础，并结合智能硬件数据收集的交通领域的智能解决方案，通过将车数据区块链化，解决车联网行业发展的最大痛点。

CarBlock 创世区块矿机，是全球首台用于 CAR Token 挖矿的智能硬件，由 CarBlock 与合作伙伴 Nonda 共同研发。CarBlock 除了贡献数据挖矿之外，还是一个智能车载充电器，不仅可以快速充电，还有汽车电瓶监测及寻找车辆位置的功能。

车主使用区块矿机储存并上传车数据，以享有挖矿所得，通过交换数据优化车服务、进行货币交易。作为数据拥有者的车主，可以完全控制数据开放的权限以及开放的程度，既可保证隐私安全，又能通过交换数据获利。车主可享有的服务包括共享租车的智能数据和担保结算、车辆保险的优惠和支付结算、更优质的车辆维修及保养、合理而安全的二手车交易及车况报告等。

CarBlock 每天将产生 20 万 CAR 币用来奖励所有参与数据挖矿的 CarBlock 用户，并根据每个用户不同的算力和数据贡献量，来分享这些 CAR 币。每个用户在正常挖矿的过程中，获得的 CAR 币数量由与个人对应的系数决定，而影响该系数的因素有数据维度及数据贡献量。

CarBlock 已与全球车联网领军企业 Nonda 达成基石合作伙伴关系。Nonda 利用现有业务基础为 CarBlock 提供巨大发展优势。利用 Nonda 现有业务可确保 CAR Token 发行时已具备流通能力，其流通性也会随着生态系统的发展而不断提升。

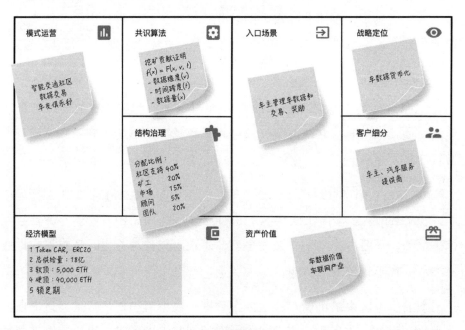

LamTex 画布分析

3. FINNEY

FINNEY 设备是第一款受网络保护的区块链手机，其基于 Android 操作系统的功能以及一系列网络安全技术，使用内置的"冷藏"加密钱包和分布式账户共识来保护 P2P 资源共享，为用户提供安全、可靠的区块链访问服务。

FINNEY 设备组成独立的区块链网络，分布式账本既可扩展又轻量，由一个免费的 DLC 和 SIRIN LABS 的安全生态系统提供支持。FINNEY 不受中心化骨干和采矿中心的限制，能够提供快速、低费率和安全的交易。

FINNEY 设备将在 SIRIN LABS 的开源操作系统 SIRIN OS™ 上运行。它旨在支持 SRN 令牌支持的固有区块链应用程序，例如加密钱包、安全交换访问、加密通信、支付和应用程序的 P2P 资源共享生态系统。SRN 是 FINNEY 网络的默认货币，SIRIN LABS 将与消费电子 OEM 合作，推动用户采用 FINNEY™ 架构、软件平台和 SRN 货币，硬件和软件平台都将作为开源项目发布。

FINNEY 智能手机的 BLOCKCHAIN 特征：

- SIRIN OS：安全的 P2P 资源共享，内置冷藏加密钱包，支持主要加密货币和代币，分布式总账共识。

- SIRIN LABS Cyber Protection 套件：基于行为的入侵防御系统（IPS），以区块链为基础，完全防篡改，拥有物理安全开关（用于钱包保护），可实现安全通信（VoIP、文本、电子邮件）。

- 三因素认证：生物识别、锁定模式、行为。
- 手机的技术规格为：骁龙 845（846）、18∶9 显示、128GB 存储、6GB RAM、12MPx 主摄像头、3280mAh 电池、指纹传感器等。

BlockShield 是 SIRIN LABS 专有技术，用于保护硬件的"冷藏"加密钱包并确保交易完整性。BlockShield 由多种内置保护功能组成：可信显示、IP 地址隐藏、MAC 地址随机化和物理安全开关。FINNEY 具有一个物理触发器（开关），通过它可立即关闭所有未加密的通信。基于这种机制，FINNEY 内部的加密钱包将可有效脱机（除非有意激活），从而起到"冷钱包"的作用。

4. 区块链空气净化器

SSP 作为全球第一个智能共享价值协议，针对当前物联网通信机制不兼容与资源闲置等问题，构建了"区块链 + 物联网 + 共享经济"的生态模式，其以区块链技术去中心化（系统运作极为稳定）的特性为基础，以 Token 奖励机制激发智能产品共享资源的创造力，真正意义上赐予共享经济生命力。

Smartshare（SSP）合作的高达 PLUS 区块链空气净化器，植入了由 SSP 首创、基于区块链技术的 SmartAgent 智能芯片。每一个芯片都是一个独立的区块链节点，通过 SSP 智能共享协议，将用户为净化空气做出的贡献价值化、数字化，根据共享价值（S）= 节点设备的共享时长（T）× 节点设备的数据上报数量（C）× 节点设备的价值因子（V）的运算逻辑，给予用户数字资产 SSP Token 奖励。

对于消费者来说，区块链空气净化器除了可以强力除霾、除甲醛等外，在满足净化空气、保证周围环境空气质量的同时，只要开机除霾就能免费获得 SSP Token 的奖励。简单地说：开机使用时间越长，净化空气越多，获得 SSP 奖励越多。用户可以用 SSP Token 兑换厂商推出的产品或奖品，未来甚至可用 SSP Token 在生态官网兑换其他联盟商家的产品与服务。

第 5 节　资 产 模 式

资产模式的 Token 比较好理解，就是一种上链的数字资产，既包括实物资产的上链数字化，也包括链上的数字加密资产。这意味着资产模式的

Token 可能会与实物资产有对应关系，但也可能没有对应关系。它也可能是数字加密的所有权、共有权、使用权、经营权、受益权或者数字权益。

资产模式的 Token 适合大部分传统产业，因为他们都有自己的资产，也会有实物资产经过加密上链、溯源保真后的权益设计，尤其是突出非所有权的模式。

传统产业在资产方面遇到的问题：

- 资产价值低估；
- 资产流动性差；
- 资产无法直接融资；
- 传统产业投资门槛高；
- 资产信息不透明。

思考：数字加密资产化的金融产品设计

本小节以房地产资产为例。"房住不炒"的政策是针对已经快要绑架了中国经济的房地产市场，各种调控紧缩或者限售限购政策还如紧箍咒般戴在各省市房地产市场的头上。其实，不仅中国的房地产市场价值巨大，全球的房地产市场价值也非常大，据不完全统计全球房地产总价值达 200 多万亿美元，接近全球 GDP 的 2.7 倍。

虽然房地产为投资者提供了获取巨大收益的机会，但因为政策和经济原因，不动产投资与股票或债券相比更为复杂，比如进入门槛比较高、不动产遇到调控政策就缺乏流动性、所有权转移缓慢，甚至有限购、限售、限转让等政策限制以及不动产交易的高成本（如中介费用契税）等，这些问题阻碍了更多投资者进入不动产投资领域。基于区块链的房地产数字加密化解决了这些问题，其将不动产资产上链、数字加密化，分布式化、碎片化和货币化，这种模式可能会成为房地产交易发展的未来。

1. 不动产资产代币化

区块链用于不动产，不只是资产上链的问题，而是用 REITs 的设计思路来做不动产的资产代币化，而用 REITs 就会涉及资产的结构化、增信、隔离等资产包的金融产品设计。

以一栋 WDMall 物业资产为例子，物业所有者想出售，但是在当前地产调控和低迷市场的情况下很难找到合适的买家。没有人能够给一个有竞争力的报价，而有兴趣的人又不符合所需的融资条件，这时他可以选择什么呢？

第一步：资产上链。资产所有者可以选择将地产物业资产进行数字加密资产化，可以在区块链平台上提出请求，指定以 5000 万元的价格寄售 WDMall，并提供关于该财产的其他所需信息，区块链数字资产平台验证资产是否符合寄售要求。

第二步：增信。由律师、第三方机构等核查物业产权是否干净、是否存在债务并验证业主指定的其他条件，以获取上链相关的法定证明、增信报告。

第三步：隔离。进行 SPV 设计，成立 WDMall Holding（SPV）以持有 WDMall 的资产，对资产的收益进行隔离。

第四步：资产代币化（Token）。数字资产平台将 WDMall Holding 代币化，相当于不动产商品的数字化，将 SPV 的总值划分成代币，其中 1 个代币 =1 平方米，形成代币数和房产总值之间的直接关系。在区块链平台上，可能会建立一个类似不动产的 ERC-20 标准协议和智能合约，进行智能的资产代币化，细分为多个小额的资产代币。

第五步：承销。金融机构与资产方达成承销协议，将物业资产细分为资产产品，通过金融机构的背书在区块链资产平台销售。

第六步：上线交易。数字资产交易平台上线该物业资产代币即 WDMall Token（WMT），全球（或部分区域受限 KYC）的个人和企业都可以购买，从而获得 WDMall 的部分不动产商品的所有权，直到该资产全部卖出（即所有 5000 万元的 WMT 售罄）为止。这种模式类似地产物业的共有产权模式，共有产权模式基本上只有在区块链平台上才可能完美实现。

第七步：交付清算。在数字资产平台上的资产交易，WDMall 的原所有者会交割到预先选择好的 5000 万元或等值的数字货币，所有投资者在数字资产交易平台上收到已购买的 WMT。

第八步：交易市场。WMT 开始在数字资产交易市场（分布式交易所）上进行交易，这相当于 WMT 的二级市场，任何人都可以通过购买或销售任何数量的 WMT 购买或出售该购物中心的所有权。

第九步：租金收入和增长。购买 WMT 代币的人可以从 WDMall 的租金收入（或者转售）中获得利润，具体与投资人拥有的代币数量和代币价格的变化成正比。

2. 资产结构化和标准协议

不动产上链的关键是资产代币化，这个过程有跟资产证券化类似的设计过程，包括结构化、锁定、增信、隔离等金融产品设计流程。在区块链上，还涉及一个 Token（资产）的标准协议。

以太坊几年前推出的 ERC-20 已迅速成为 ICO 以及以太坊所有 Token 的重要行业标准，正是受 ERC-20 标准协议的方法启发，不动产领域的 ALT 协议诞生了，旨在成为"用于房地产的 ERC-20"，打造标志性房地产行业的区块链标准。

ALT 协议包括智能合约、企业结构化和财产数字化的法律合规。它为所有不动产市场参与者包括房地产开发商、经纪人、市场和众筹平台等提供了一个不需要基础设施成本的物业数字化交钥匙解决方案。ALT 协议创建了 20 多个智能合同和一个智能合约创建器，可以快速简单地开发数百和数千个合约，并确保 Token 的合法财产权。

基于协议的数字资产交易平台是数字化资产的主要销售渠道和二级交易市场。与数字货币交易平台一样，该平台允许用户以流动性更高、成本更低的分数进行房地产交易。

该不动产数字资产交易平台是为中小投资者开放的市场，例如：如果投资者的财富不足以购买房地产或者有当地法律限制，那么他们可以购买多种来自二级市场的房地产代币并创建自己的多元化投资组合，例如拥有 50 套北京 CBD 公寓的共有产权 Token，而不是拥有 1 套昂贵的公寓。

房地产 Token 为现有的数字加密社区成员提供了新的机会。例如，加密投资者可以通过投资房地产来保护他们的资产免受不稳定的汇率或代币行情影响，加密交易者可以通过一次点击构建全球房地产投资组合并交易其代币，而加密代币大咖可以用大额代币来购买私人用途的房产。

ALT 协议包含一个"双赢"的方法，除了为当前的大型投资者服务来获得佣金并建立强大的销售和营销体制，并利用其巨大的预算能力外，也可以使用内置的拆分协议来提高销售额，让消费者有史以来第一次有机会以低至 100 美元的价格购买物业，并获得实惠的房地产部分所有权交易。

区块链解决的是信任和共识问题。

全球的投资性房地产有很大比例属于信托，这种所有权模式已被广泛接受，并允许有多个受益人。ALT 协议通过区块链技术增强了信任机制，并将交易成本从 30% 降至 2%，将交易时间从 1 个月降至 1 次点击，将投资门槛从 200000 美元降至 100 美元，所有数据均上传至分布式节点加以存储，以确保 ALT 协议权利的透明度。

社区和强大的网络增长激励机制是任何区块链项目成功的关键组成部分。ALT 协议鼓励以多种方式奖励社区：物业评估分析师可以获得奖励的代币；物业销售顾问可以获得用于营销的代币；还有佣金作为激励。

不动产 Token 将支持数字资产平台上的所有交易和费用，预计不动产 Token 的需求比初始 Token 供应量高 10 倍，因为除了由 B2B 部分驱动（类似于 Ripple 商业模式，面向大型房地产开发商或销售经纪公司），还有成千上万的房地产公司将使用内置协议来增加自己网站上最终客户的财产销售。

概要定义

资产模式的 Token 主要是上链的资产，它是资产代币化的基础。我们在前面把 Token 分为五类，即生产类、消费类、功能类、权益类和支付类，那么资产模式的 Token 主要包括生产类 Token、消费类 Token 和权益类 Token，而资产模式主要是上链的资产如何配额化、货币化、证券化。

实物资产对应的资产 Token 包括两类：生产类和消费类。前者是生产资源型，比如土地、茶树、果树、种棉、种禽等；后者是消费产品/商品型，比如粮食、水果、茶叶、肉禽、肉牛、海鲜、水产、土特产等。这些实物资产要上链成为资产模式 Token，需要建立 Token 标准协议。生产资源类 Token 是按品类设计的（同质大数量）。消费类 Token 虽然是按品类设计的，但在流通过程中又需要按批次号进行分级分拣设计（到包装箱/盒），甚至要到单个的 Token。单个 Token 就是另外一种设计方式了（不同质唯一，类似 ERC-721）。还有一种是在共识基础上的数字可信（配额）的 Token，用来调控生态机制。

权益类资产，要上链成为资产模式 Token，需要进行结构化设计，对该权益或收益权等进行隔离、增信，有的还要引入信托机制，通过 SPV 将该权益类资产结构化为可货币化或可代币化的资产 Token，然后进行份额切片。

大部分传统产业的资产都可以转化为资产模式的 Token，甚至不良资产也可以进行上链，只是适应的资产 Token 标准协议不同。而标准协议也是资产公链共识的一部分，资产 Token 的账目加密 Hash 值用于公链上链登记存证，这样不良资产才成为可以交易或者代币化的数字加密资产。

业务模式

资产模式的 Token，本质就是数字资产，这个又分为天生的数字资产和实物资产数字化后的资产。对于大部分传统产业的资产，首先要进行数字化，实物资产经过数字化会成为数字资产，并能够产生附加价值而不仅是原有资产的数字映射。

传统产业的资产在数字化过程中，要进行结构化设计，从中隔离或者剥离资产的核心价值，比如是所有权、收益权还是其他权益？并通过打包或者分隔形成数字资产产品，这对应着资产模式 Token。

同时，要寻找与资产对应的价值，尤其是增量价值，资产代币化过程中需要对应价值总量，没有变化的资产价值是不能超发的，但可以增加无形价值或者不可定价的价值，这时可以充分增加价值总量。

资产模式 Token 一般采用联盟链，通过联盟链的分布式账本上链后对数字资产进行确权，并进行结构化，通过代币对资产模式 Token 进行货币化定价，形成资产代币化。

资产模式 Token 在上链确权形成资产后，可以通过资产代币化形成流动性，也可以不发币，通过联盟链实现产业对资产的共识后，通过产业的交易市场（或数字资产交易平台）实现二级市场交易，产业链内的企业和投资者直接对上链共识的资产 Token 进行交易。

由于资产模式 Token 有对应的资产或者增信隔离后的价值，所以可以设计有深度的衍生品市场，比如期货、期权、一篮子指数等，从而形成围绕优质资产 Token 的交易深度。

针对国内市场和政策，基于联盟链的资产模式 Token，结合官方的数字资产交易平台（与数字货币交易所不同）实现传统产业的区块链升级，实现资产 Token 的货币化（使用法币或数字法币）。未来 ITO（首次数字资产发行）将会替代 ICO（首次代币发行）成为区块链脱虚向实的主流方向。

设计

1. 战略定位

一句话：资产代币化。

资产模式 Token 的定位是让资产代币化或货币化，终极目标是直接实现数字加密代币。当受限于市场条件时，初级目标也可为让资产 Token 化，成为上链确权的数字资产 Token，可以货币化交易。

2. 客户细分

一个人：有资产、有资源的传统产业。

资产模式 Token 的主要目标受众是传统产业，围绕传统产业的传统业务、传统资产，尤其是滞动的资产，比如不动产、原料成品或者资源类资产；或者滞动的资金资产，比如应收账款、票据等。

当然，基于"人人皆可发币"的货币模式的原则，资产模式也可以实现人人皆可发 Token，每个人只要有有价值的资产或者资源，都可以形成共识，可以发行资产模式的 Token。

3. 入口场景

一幅画：资产模式的 Token 场景是将资产数字化后上链，实现货币化或代币化。通过联盟链的分布式账本将数字化的资产上链确权，并进行结构化设计，形成产业共识认可的资产化 Token，通过代币或者货币实现交易和流通。

由于资产模式 Token 可以与数字资产交易平台相结合，所以在产业或者官方建设的数字资产交易平台上的交易场景、衍生品场景也是资产模式

Token 的关键流动性场景。

4. 资产价值

一个数：资产模式的 Token 的资产价值来自于对应的资产的价值预估，如果是实物资产的数字化和隔离增信，那么资产价值就对应实物资产的价值预估；如果是数字资产，就要看这些数字类的资产内在的实际价值或者无形价值如何评估，或者在交易市场形成的价格发现。

资产模式的 Token 与传统资产的不同在于：基于区块链技术是可以将资产进行碎片化和小额化的，或进行份额切片、等额切分，所以资产 Token 对应的资产往往是分割后的小额收益资产，这样可以方便地进行链上的代币化或货币化，让每个人都能够参与到小额资产或者共享资产中。

5. 共识算法

一个共识：资产模式 Token 的共识来自于产业对资产的共识，所以这类似于 PoS，产业节点对资产价值进行投票确认。产业节点包括来自交易市场对资产的价格发现。

基于产业共识，资产模式的 Token 如果不考虑发币的因素，往往会采取联盟链的形式，即产业上下游和交易市场、市场监管或官方机构等成为联盟链的节点，形成一个建立在区块链上的产业资产协同虚拟组织，从而形成对资产模式 Token 的共识和价格发现。

6. 结构治理

一套治理：资产模式 Token 的治理结构就是一种资产结构，国内市场是"资产 Token+ 数字资产交易平台"的结构，海外市场的资产可以做"资产 Token+Coin"的结构，而资产模式 Token 的设计可以结合传统产业的成本结构和流通结构。

资产模式 Token 需要设计好 Token 的总量，尤其是增值部分的设计，而不只是对传统资产的数字化和映射；分配比例上要根据产业形成的共识，对节点工作量或者贡献量进行合理分配和激励。

资产 Token 的发行，往往因为资产是源源不断地生产出来或者设计出来的，所以不同于限量的模式，而是要借鉴类似以太坊等平台的持续增量模式设计。在此基础上，要设计好激励价值来激励产业节点的参与和贡献，也要设计好规范，比如锁定、隔离等资产 Token 的规范或者流动性合约。

资产模式 Token 在选择合作伙伴时，应该选择了解或者熟悉传统产业资本市场或者产业交易市场的合作伙伴，以及该产业链上的节点企业或者投资者，这样可以培育一批持续投资并深度参与的合作伙伴。

7. 经济模型

一个模型：资产模式 Token 的经济模型是接近传统商品的供给理论和市场需求博弈理论的，它与传统产业的资产形成（生产）能力或者数字资产的创作能力是相结合的。

由于一个资产模式的 Token 往往是一个产业，所以又要与当前产业的总体市场规划和价值总量进行评估关联。这种经济模型类似 GDP 的模式，与生产总值或创作总值成正比。

资产模式基于数字资产交易平台形成 Token 的流通，也可以对资产 Token 的代币化后，资产代币在数字货币交易所形成资产的流动性，并可以设计丰富的衍生品，比如期货、期权、指数等以形成交易深度。

资产模式 Token 基于产业的共识，尤其是链下传统产业的确权，所以可以基于对应的资产、仓储、交易市场等进行特殊的锁定、隔离等规范设计，并建立灵活的流动性合约、锁仓合约等调控机制。

8. 模式运营

一套运营：资产模式 Token 的运营关键在于产业，也就是该 Token

所在的产业社群、上下游以及交易、投资等参与者，也就是这个产业的产业投资人。要让资产 Token 越来越有价值，就要培育产业的投资人，加深对产业共识的理解和认同，使他们共同参与进来。

资产模式的运营团队，需要对当前资产 Token 所在的传统产业有了解或者有相关从业经验，并且能够整合产业链的资源。最好有传统产业资本和金融市场经验落地的时候可能会发现，一个产业的数字资产交易平台，实际上与一个传统产业的电子交易中心（俗称电子盘）非常相似。

由于资产模式与当地产业和传统企业密切相关，所以产业联盟链一定要争取官方机构的参与。

要素

目的需求：让资产货币化或代币化，形成流通性。

适用性：适用于有资产或者有资源的传统企业，或者新领域的数字资产创作者。

必要性：通过上链确权的资产货币化或代币化，可以让资产获得流动性。

效果：资产代币化的效果最好，但受限于政策，所以让资产 Token 货币化并结合数字资产交易平台成为传统产业的区块链主流方向。

实现：主要通过联盟链实现资产 Token 化，但联盟链对 Token 和共识的支持比较弱，需要进行大量的定制改进。

相关模式：资产模式会与货币模式相结合，也可以与溯源模式组合使用。

Token 案例

1. Petro

石油币（Petro）是一个由石油资源支持并由委内瑞拉发行的主权加密

资产。每个石油币都有委内瑞拉的 1 桶原油作为实物抵押。

石油币使用以太坊 ERC-20 标准，因此理论上可以立即兼容以太坊钱包和各主要公开交易所。这意味着石油币可以轻松实现与其他拥有相同标准的数字加密货币之间的交易。委国内的石油币用户将超过 2000 万，这个数字大于目前世界上所有数字加密货币的用户总和。此外，委政府还将在国际上大力推广石油币的使用。马杜罗日前在美洲玻利瓦尔联盟第七次特别会议上呼吁该联盟所有国家使用石油币，以促进地区经济一体化。

石油币是世界上第一个由主权国家发行并以自然资源作为支撑的数字加密货币，具有跨境支付和国际融资功能，这将帮助委内瑞拉渡过目前的经济困难，推动国际金融秩序公平以及新兴经济体之间的交流。石油币作为开发创新和应用的工具，有助于委内瑞拉经济的增长和财政自治，并对其他以原材料为基础的新兴经济体提供借鉴作用。

2. BitCar

BitCar 是一个用于众筹投资近十年来最佳收藏品"藏品汽车"Exotics 的区块链平台。普通大众也将首次通过平台在线 P2P 拍卖进入这一收藏品领域。同时在线拍卖平台也允许用户全资购买拍卖品。

BitCar 采取双 Token 设计，BITCAR 代币和 CAR Token。BITCAR 代币是实用性 Token，资产 CAR 的购买和支付需要用 BITCAR 代币，而且还需要将 BITCAR 代币余额托管以用于将来与 Exotic Cars 相关的维护成本，CAR 资产将被分配一定数量的 BITCAR 代币并分发给 CAR 持有者。CAR Token 是资产性 Token，与美元采用锚定的价格，并通过实际存在的藏品汽车作为价值背书。因此 CAR 是一种稳定的代币，从而避免了代币的贬值。CAR 支持与比特币、以太币、莱特币的兑换和信用卡购买。根据 CAR 在交易所的需求情况，其本身具有升值的可能性，用户也可以通过 CAR 在例如 MoonLambos 这样的经销商那里购买汽车。

平台通过资产 Token 来标识对藏品汽车的共有产权，资产 Token 也可以在平台通过 P2P 的方式交易。BitCar 将原型交易平台升级为藏品汽车 Exotics 的分布式交易平台。

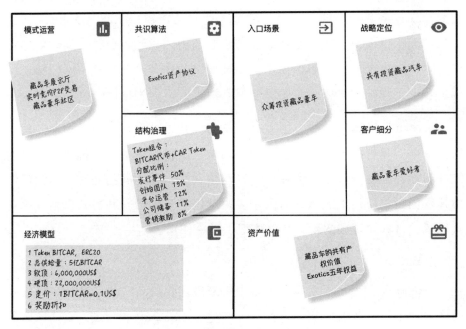

BitCar 的 LamTex 画布分析

3. Tend

Tend 是提供资产组合多元化的区块链技术平台。 在这个平台上，投资者可以投资珍贵的特殊物品和独特资产的共同所有权或者共同拥有的一些特定的可替换资产。Tend 通过以太坊区块链来对所要投资的资产进行尽职调查后，进行资产份额切片，认证上链注册后这些切片就可以被不同的客户购买、交易并对过程进行追踪。

Tend 也是首批能够为投资者提供完全安全和兼容 Token（TND）的平台。TND 是遵照瑞士法律发行的加密货币，在加密货币交易市场可以用以太币或瑞士法郎免费兑换。TND 的持有者每年都可以根据持有 TND

的数量收到分红奖励，第一次分红预计在 2023 年。Tend 通过基于 TND 的交易鼓励投资者进行长期投资而不是像其他加密货币一样进行投机。

由于收藏品非常适合在家庭、朋友和志趣相投的社群中分享，Tend 也会支持创建小型社群。Tend 还会根据社群中分享的兴趣内容来提供特定的投资项目，从而不断提升社群的活跃度和成长性。

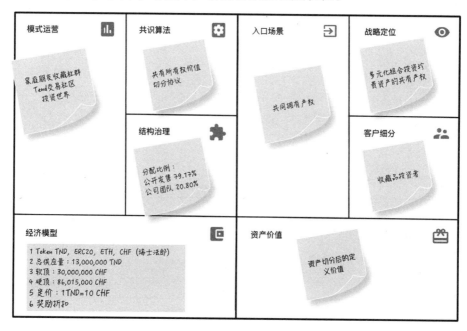

Tend 的 LamTex 画布分析

4. Evareium

Evareium 为投资者提供了一个投资新房地产基金池的机会，并创建了一个通过区块链 Token 管理投资基金，获得对长周期、低流动性资产进行即时、Token 化交易机会的公司。即便是小规模的投资者也可以通过简单的界面购买 EVM 来获得投资收益。

Evareium 提供两种不同的 Token。EVM 是一种有形资产 Token，可以用于购置房产并改善其业务重点和运营方式，这些改善包括房屋修缮、节能措施以及采用区块链技术来监控、管理房产以达到房产本身增值的目标；EVT 则是用于购买房产、租用房产的交易类 Token。

基于区块链技术的便捷和不可修改性，Evareium 提供的数字化投资平台为投资者提供高达 20%～30% 的可持续回报，远高于传统模式 5%～6% 的收益率。

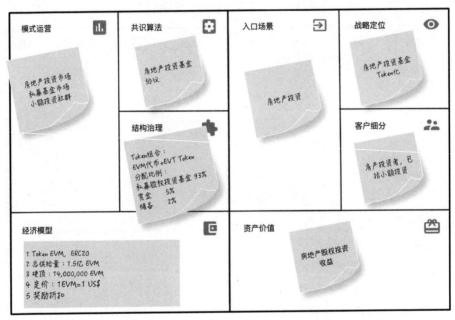

Evareium 的 LamTex 画布分析

5. Health Monitor

Health Monitor 是世界首个监测血糖水平、诊断癌症、胃溃疡和糖尿病的非侵入性仪器，基本操作基于人体呼出的气体，由俄罗斯科学家 Atutov.S.N 创造并申请专利。该产品绝对市场独有，通过对每个人健康进行早期检测诊断，挽救生命。

HLC Token 是根据投资额发行的针对健康监测仪的代币，是基于以太坊 ERC-20 和编程语言 Solidity 创建的一组智能合约。代币价格每日固定在基价 30 美元，可在市场上出售或兑换。

Health Monitor 项目提供投资生产和安装可检测疾病的自动售货机的机会，一期募集 50 万美元投资用于在欧盟访问最多的机场和购物中心安装 70 台健康监测自动售货机，最小投资额度为 30 美元，每 30 美元对应一个 Health Monitor Token，总共发行量为价值 1500 万美元的代币，相当于 2100 台 Health Monitor 机器。根据欧元区规则和设备制造的认证需要 12 个月的时间，Health Monitor 项目将从 2019 年 1 月起开始每季度向代币持有人支付股息。

健康检测仪预计在两年内创造 400 万美元利润，并分配给投资者。健康检测仪项目的年利润率预计达到 200%～300%，并按照相应比例分配给设备发明者、健康检测仪团队、投资者。Health Monito 通过区块链技术实现设备资产、股息分红的权利。

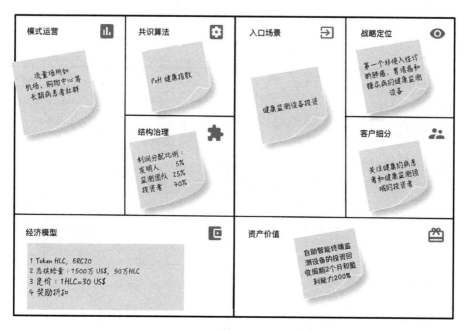

Health Monitor 的 LamTex 画布分析

6. Eternal Trusts

Eternal Trusts 是一个分布式自主性组织（DAO）通过混合智能和

区块链智能合约的结合，创新了传统的信托基金和受托人模式。Eternal Trusts 与多个专家团队合作来满足客户的长期愿望。这些愿望包括子孙后代的财务支撑、慈善事业、退休养老和生命延续等。

ET 是 Eternal Trusts 发行的数字加密代币，同时满足以太坊的 ERC-20 和 NEO 的 NEP5 标准。ET 是平台所有交易过程和服务的支付工具。所有服务提供者必须持有整体 ET 的 10%，以确保他们在生态系统中的权利并参与到"目的执行流程"中。Oracle 将在每次 ET 奖励中抽取 10%。持有超出确定阀值 ET 的人被称为 DAO 总监，他们可以对整个系统的修改和与外部服务的整合进行集体决策。

Eternal Trusts 平台提供一个可让客户加密的数据资产的机制。这个机制可让用户基于最有效的长期策略进行 Token 化的传统资产投资并获得收益。平台还通过吸引不同的专家团队，利用 AI 将客户的愿望进行拆解并寻求最可靠的供应商来完成客户愿望。

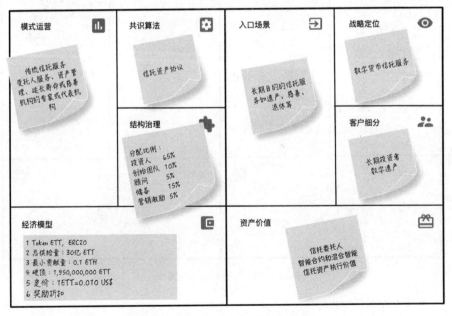

Eternal Trusts 的 LamTex 画布分析

第 6 节　数据模式

数据模式的 Token 是将数据资产化，通过数据 Token 将个人数据货币化，并将数据控制权和收益权还给个人。这里面包括了个人数据的确权、赋权和数据的价值发现。

数据模式的 Token 适合接触和管理海量消费者数据的传统企业，或者有海量消费者入口或互动的流量平台／互联网平台。

传统产业在数据方面遇到的问题：

- 数据来源庞杂，有重复、无效、假冒等情况。
- 数据质量高低不齐，有效性不高。
- 隐私数据泛滥，个人数据泄露。
- 数据治理混乱，权限和安全不容忽视。
- 数据不能很好地转化为价值。

思考：从小米的米链来看个人数据的货币化

这个时代，已经没有个人隐私了，无时无处我们个人的数据都会被采集和使用，个人的数据隐私权利已经丧失，而个人的信息透明得几乎无法再透明，还不包括我们根本不知道的私下个人数据交易、个人数据泄露等事件，我们根本没有自己的个人数据的所有权和使用权，更谈不上个人数据的收益权了。

个人数据首先是我们自己的，我们自己的数据，为什么不可以自己做主？凭什么要别人来霸占和获利？我们平民消费者什么时候可以翻身做主人？

如果我的个人数据已经不可避免地要被开放和透明，那么，是不是可以让我知情，让我能够管理，让我能够授权呢？

如果不能被例外，那么不如货币化，让获利成为透明的交易，交易的主动权、管理权和授权都至少有我在，而不是任凭别人宰割分配。

依据麻省彭兰特教授的 openPDS 理论，那开放的个人数据货币化观点，刚好通过区块链的去中心化、超级账本和数字货币，解决和实现消费者个人数据的数字资产化。

国内的公信宝、网易星球等做的就是类似个人数据的区块链项目，同时小米也在布局区块链。小米从模仿以太加密猫的加密兔，到 WiFi 链挖矿的 DApp，还有一个在 MIUI 商业产品部做了两年多的营销数据协作链（也就是神秘的"米链"），都是类似的项目。

小米的营销数据协作链，首次在国内提出了"探索区块链的解决方案，倡议行业共建安全透明的营销生态"的主张，它要在"保护用户隐私和数据安全的情况下，实现营销数据协作，最大化数据效率和数据价值"。

从对米链的相关负责人的访谈中可以看出，米链是围绕营销数据资产展开的，一方面对数据资产进行保护；另一方面利用区块链对数据的所有权进行保护。实现所有权和使用权分离后，数据价值可以在很多场景中使用。

米链认为营销行业目前存在许多问题，比如在数据协作、广告投放和效果监测环节，存在不信任、作弊、资源浪费等弊端。米链应用区块链技术有望打通数据，为各个企业提供一个去中心化的、安全透明地数据交换平台；通过大数据积累和智能硬件技术分别从设备验证、用户行为、非正常行为等多维度进行反作弊，用区块链赋能反作弊能力，安全透明地输出出去，实现去中心化的共享；解决 IP 不一致问题，通过区块链将投放请求环节相互关联，协助不一致性的排查，降低不一致的比率等。

小米营销数据链，是一个可以支持链上数据逻辑与链下私有数据安全交互的数据协作平台。营销数据链目前包含了两大产品——全量数据匹配 OnBoarding 以及共建 Panel。OnBoarding 通过撮合小米的 DMP（数据管理平台）与品牌主的 CRM（客户关系管理系统），让两者进行数据协作，在保护用户隐私的前提下改变数据孤岛的现象；共建 Panel 实现的则是多方对指定目标受众数据的验证，从而通过数据联动完善消费者画像。平台框架如下图示。

小米建立了一个可以支持链上数据逻辑与链下私有数据安全交互的数据协作平台

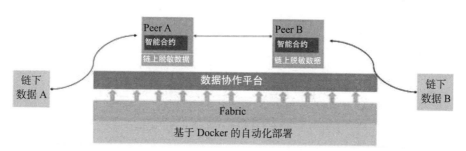

小米营销数据协作链示意图

从小米的营销数据链框架图来看，米链是基于 Fabric 的联盟链，相当于营销数据链，只有协作的企业才作为认证节点参与进来；数据资产的所有者默认是小米，跟消费者无关，从而就没有了消费者确权和控制的问题；数据创建过程需要投票，Fabric 的共识暂时没有 PoW 或者 PoS 之类的，只有 kafka 类似的认证节点的背书确认，达到比例就确认记账；用智能合约来做数据交易或交换是可行的，但是很难在合约里面做数据协作，比如进行查重、合并、交换、补充数据维度等工作；联盟链有个最大的弊端，即没有 Token（加密代币），这就很难对参与的节点或者人进行激励，除非这是个不需要激励，是两家商量好了要做的事。

总体感觉是，米链做的是可以不用区块链的事，既然小米有一两亿设备和用户信息数据，且他们认为这些数据是自己的数据资产，要与不同的品牌企业一起来进行数据商业化。说白了就是数据变现，做点儿广告，顺便监测广告效果，最后收费，没有必要搞分布式账本，做一个消费者主数据平台就好。主数据模型、数据质量和数据交换等都可以实现得很全面，而且权限和控制可以通过数据治理来完善；还可以基于主数据模型来产出真正脱敏的数据，如将用户画像和标签打包成数据产品。否则，没有Token 激励的生态机制，没有双向评价，没有个人消费者的参与，没有真正的共识，那么还要链作什么？

当然，另外也可以考虑营销链的模式，即只做营销渠道和活动执行方式，小米的数据和客户（企业）的数据只是数据源，通过活动的智能合约来验证、调取、使用数据，活动加密执行后返回 hash 值确认是否没有违约存储，并跟踪消费者活动效果。

但无论如何做，都有一个互联网平台既得利益者的核心命脉：数据是属于谁的？

一个数据模式的区块链，要解决的是个人数据资产货币化问题。个人数据，无论从哪里来，到哪里去，数据权利都是属于个人的；另外，没有数据币（Token）对数据资产进行货币化、对个人数据资产化的过程进行激励，是形不成好的数据产品的；数据的产生可能来自不同渠道或者平台，但总归要与消费者个人握手确权并与之分享权利和权益；数据的增值，来自数据的清理、合并、补充、完善等数据质量管理操作，来自主数据模型的结构化和粒度层级细分，来自个人消费者的主动更新；数据变现的方法，一个是打包为数据产品进行交易，另一个是基于需求者的搜寻进行交易。搜寻代理的设计和验证非常关键，比如对基于人口属性的标签进行搜寻验证。三方加密验证的智能合约可以确保数据资产交易的安全，提供者的数据传递到加密平台，需求者的数据确认到加密平台，平台进行验证和激励并记账。

概要定义

数据模式的 Token 核心是"数据即资产"，那实现个人数据货币化，将个人数据的主权和控制权赋给消费者，多方共同进行价值发现，共同获取收益。

目前部分数据模式的区块链平台并没有真正赋权到消费者。要实现消费者个人数据的资产化，就要有一个消费者主数据模型，数据模型的主要维度、属性标签等要有一个标准协议。然后再对应不同的数据来源，常规的数据来源是各个企业或者流量平台的数据，也可以是专属的数据矿机采集的消费者个人数据。前者的上传是一个导入、查重、合并、清理等 ETL 的过程，往往很多企业的系统数据是不准确、不完整的。

消费者数据进入主数据模型后，要先进行数据治理：确权，确认这部分数据维度（或属性标签）的权利或权益属于谁。一般来讲，会按先来后到的顺序确权给最早符合标签的数据方。但因为个人数据权限又属于消费者，所以数据共识中会预留或者定义部分比例给该消费者，无论他现在在不在链上。

消费者的数据标签经过确权上链后，就要进行另一个关键步骤：价格发现，这里会有一个基于数据共识的标准协议建立的价格发现引擎，通过价格发现引擎给出一个动态定价，然后在数据资产的交易市场中实现最终的价格发现。数据资产的交易市场是开放给需要消费者数据的企业或者 DPS 广告代理的，由企业根据需求进行查询并用数据代币完成交易。

数据资产交易的交付并非通过买卖和转移数据来实现的，而是由企业选择合适的数据后，平台方提供脱敏数据服务的 API，再由链平台来为企业提供广告服务或者帮助完成促销活动，从而实现数据价值的转换。

为了促进数据资产的流动和增值，数据模式的 Token 可以结合积分模式的 Token，将企业的促销诉求打包为积分模式里的糖果，根据企业指定或购买的消费者数据进行精准空投，并提供上链后透明化的精准效果查询功能。

业务模式

数据模式的 Token 就是数据资产，数据是数字的，获取数据的过程就是传统产业数字化的过程。目前的情况是某些互联网巨头或者数据经济公司在采集个人数据进行出售，但个人消费者并不知情。数据模式的 Token 需要让个人消费者拥有权益，而且在匿名的情况下，个人是愿意共享自己的数据的。只有这样才能建立起高质量的个人数据和更加开放的市场，数据使用者才可能用更低的成本获得有效数据。

数据模式首先要对各种数据源进行统一处理，比如进行脱敏、查重合并、清洗等操作，并整理成为标签、属性等以供查询，以便于数据使用者或者交易者能够方便地基于地理、人口属性及行为特征等对所需要的数据进行查询。

数据模式的 Token 是基于消费者主数据模型对数据建立共识的，其为企业和个人消费者建立起数据之间的信任，共同认可这个"消费者"的数据模型包括哪些维度、哪些标签等。在这个数据模型的共识基础上对数据来源的数据进行货币化。

数据模式的 Token 基于共识打造一个开放、透明、可治理的数据环境，并通过统一的数据访问接口，与数据源或者数据提供者达成收益分成协议，进行统一的数据集成和数据管理，在数据交易中形成数据的价格发现。

数据模式的平台会有自有的数据资产，也会对接各种数据源，以保证数据总量足够丰富和庞大。采集数据也可能包括通过矿机采集的符合数据模型标准的个人消费者数据。

　　数据模式平台会有一个价格发现引擎，来对数据 Token 进行货币化定价，也可能基于 AI 打分机制，为数据打分；标准的数据 Token，包括消费者的数据标签、画像等，以及合规的其他各项数据，从而形成一个标准的数据产品。

　　承载数据模式的 Token 和 Coin 的数据钱包是一个关键的 DApp，它承担着数据采集、查询、交易和收益的功能，也是个人消费者参与数据模式 Token 的关键入口。它也是数据提供者和数据使用者之间的数据 Token 交易的智能中介平台，通过智能合约对数据资产交易进行锁定和保证。

　　数据的查询和交易在数据资产交易市场进行，它可以是一个独立的数据资产交易平台，也可以在一个分布式的数据资产钱包中实现。而数据资产交易的费用、担保等都使用数据模式的 Coin 实现。

　　数据查询一般通过地理、人口属性等标签进行查询，平台也会提供数据查询代理服务或者智能机器人，来寻找合适的数据资产 Token。而数据的使用和变现，也是数据模式 Token 的关键。是只销售数据，还是基于通道和加密技术实现数据的到达？这就可能要设计精准推荐和精准空投的个人消费者数据应用场景。

　　数据模式 Token 的交易，需要进行数据质量的双向评价，通过评价来实现激励机制，并通过复杂结构的数据交易智能合约，确保数据资产交易的安全和数据资产的生态体系。

设计

1. 战略定位

一句话：个人数据货币化。

　　数据模式 Token 的定位是实现个人数据的权利与控制，建立一个分布式、去中介化和开放的个人数据交易市场，让个人数据透明、高效地实现货币化。

2. 客户细分

一个人：有数据或者使用数据的人。

数据模式 Token 的目标受众是流量主和产生、采集数据的品牌商 / 商家，这些都是数据经济的既得利益者。还要考虑个人数据的真正权利者——个人消费者；同时，目标受众还包括数据需求企业和代理人（比如 DSP）等。

3. 入口场景

一幅画：数据模式 Token 的核心场景是数据交易场景。围绕个人数据的交易，需要有数据的采集和标准化，需要有数据的货币化，然后通过数据资产交易市场进行数据提供者和数据需求者之间的智能撮合交易，并分配相应权益到个人消费者。

数据资产的价格发现，也是在数据交易过程中实现的；数据的查询和使用，以及数据的精准推荐和精准空投，也都是围绕数据交易场景展开的，这里面都会用到数据资产的钱包 DApp。

4. 资产价值

一个数：数据模式 Token 的价值就是数据价格指数。

数据价格指数是指基于数据模型进行打分和定价，并在数据交易中进行最终的价格发现。

由于一个标准的个人数据 Token 来自多个数据源和多个数据维度，所以数据资产的收益也会涉及分配给不同的数据提供者及与个人消费者。数据模式的资产价值要解决权益分配问题。

5. 共识算法

一个共识：数据模式的共识是数据资产的价格发现共识，即数据货币

化过程中的定价共识。

这里面体现了数据提供者和数据需求者对个人数据的认知标准和价值共识，也体现了与个人消费者权益共享相关的共识，这个共识有可能是在动态的数据资产交易过程中实现的。

数据资产 Token 的共识，往往体现在消费者主数据模型上。一个消费者主数据模型，有数据维度和标签的模型定义，有数据采集处理的标准，有数据权限和使用的治理，从而可以成为数据资产共识的基础或者参照。

6. 结构治理

一套治理：数据模式的 Token 结构是一个组合，即数据资产 Token+ 交易平台代币 Coin。其中，数据资产 Token 代表着一个个人消费者的标准数据资产，而代币 Coin 是数据交易中用于支付结算的代币，也是数据资产货币化的承载，通过代币来支付和激励数据资产权益共享。

数据模式的 Token 会围绕数据规模构建，比如千万级个人消费者数据或者亿级消费者数据，同时一个数据资产 Token 的价值也可以参考互联网平台的流量价值，比如天猫的一个流量成本接近 200 元。

数据模式的 Token 分配比例可以考虑一下不同的数据源以及个人消费者的权益共享分配，同时发行节奏也可以按数据量级的几个阶段来分步实施。

数据模式的合作伙伴可以更多地考虑有数据流量或者数据来源的企业或平台，进行战略合作，扩充个人数据资产库。

7. 经济模型

一个模型：数据模式的 Token 经济模型以个人数据总量来计量，围绕一个流量（个人数据）的价格进行参考定位，对拥有的千万级个人消费者

数据或者亿级消费者数据进行价值预估，形成总的资产代币发行量。

对于个人消费者的流量价值来说是有一个共识的，尤其是数据资产需要结合个人消费者主数据的维度和标签来具体量化。通过量化的人头价值来对应数据总量的价值，通过提高数据交易的频率和深度来提高数据资产 Token 的流动性，并通过智能合约进行确权和限量。根据个人消费者的设置限制部分需求者对部分数据的访问或使用。

作为一种可以重复使用的数据资产 Token，需要提高数据的周转率，便捷的数据搜索和交易撮合机制、高效低成本的交易费用和数据变现通道，都是提升数据模式 Token 价值的关键。

数据资产的代币，会因为交易的佣金、手续费和保证金等产生流动性资金池，可以与个人消费者分享流动性收益，或者个人消费者可以通过流动性合约回购代币。

8. 模式运营

一套运营：数据模式的运营混合了企业和个人，尤其是数据提供者和数据需求者大部分是企业，个人只是其中的一部分。所以数据模式要进行企业社群的运营，要建立专业社区，或者鼓励中小商户通过 DApp 或者矿机来采集消费者数据，参与到数据资产交易市场中来。

虽然看起来数据模式 Token 会依赖于一些大的互联网平台或者流量门户，他们往往会有千万级甚至亿级的消费者数据，但大量的中小商户也会提供基于线下和生活方面的更加全面的个人消费者数据，二者是缺一不可的，所以在运营上要兼顾大平台和中小商户的参与。

数据模式 Token 因为涉及消费者数据，所以运营团队需要有消费者主数据、大数据等方面的运营经验，最好还有互联网平台或流量门户的运营经验。

要素

目的需求：让个人真正拥有个人数据并货币化。

适用性：适用于有大量个人数据的企业以及个人消费者，需要将数据权利归还给个人消费者，而不仅公掌握在数据经济的企业手里。

必要性：个人数据泄露和被买卖的现象普遍存在，需要通过区块链来实现个人数据资产和数据资产交易，让个人消费者共享数据收益。

效果：企业让渡权利到个人消费者是一个比较艰难的转变过程，但能够实现个人数据的资产货币化，会是一个非常大的进步。

实现：通过联盟链、智能合约和 DApp 等组合实现数据资产 Token 化，以及基于数据资产钱包实现分布式交易市场，激励的 Coin 可以是 ERC-20 或者自有代币。

相关模式：可能会与货币模式、矿机模式组合使用。

Token 案例

1. Datum

Datum（达腾）是一个去中心化和分布式的 NOSQL 数据库，由区块链技术支持。这项技术可让任何人以安全、隐秘、匿名的方式为结构化数据备份。这些数据包含社交网络数据、穿戴式装置数据、智能家居数据和其他物联网设备数据等。Datum 提供一个专业市场，让用户按照自己的选项分享、买卖数据。

Datum 网络依靠 DAT 币智能合约提供安全的数据交易，同时遵守数据拥有者选择的条款。用户可将自己已使用的各种服务数据以少许 DAT 币为代价，上传至本平台进行存储。存储节点矿工将已加密的数据存储并传输之，通过此方式赚取 DAT 币。买家以 DAT 币购买数据，所得之 DAT 币将反馈给原数据拥有者。DAT 发布在以太坊，并可以通过以太币在各主要公开交易市场购买。

Datum 的用户有选择地将数据在本地 App 中加密，清除其中的个人身份信息，然后上传到 Datum 平台。在不泄露个人私钥的前提下，没有任何人能够解开加密并获取数据。

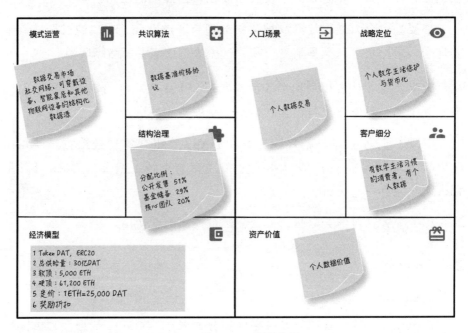

Datum 的 LamTex 画布分析

2. DataWallet

DataWallet 以建设一个让数据使用者和数据提供者能主动参与，并保持交易过程透明安全的平台为主要目标。在平台上，数据提供者可以创建数据并通过加密私钥确保数据的安全性，还可以查询和评估来自数据请求者的使用合约的条款并选择接受或者拒绝合约。接受合约的情况下，数据将通过严格的隔离、加密、校验和解密过程传送到数据请求者。

DXT（Data Exchange Token）作为平台的加密代币在数据交易中起到报酬支付和过程跟踪的作用。在每次交易中，数据请求者账户中的

DXT 都会被托管到平台的中间件 escrow 中，直到交易的数据被确认有效后，才自动转移给数据提供者。

数据请求者可以根据合约模板池中的模板快速创建数据请求合约。平台的搜索代理组件在所有开放的合约中搜索满足其人口统计特征要求和数据提供要求的合约，并通知数据提供者。数据请求者还可以提供自有的业务服务作为数据请求合约的报酬。

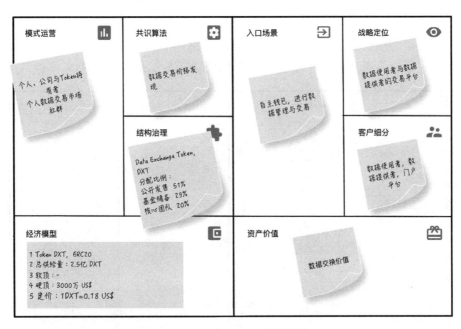

DataWallet 的 LamTex 画布分析

3. DataBlockChain

DataBlockChain 是一个革命性的数据平台，它创新了企业和个人收集优质数据的方式，通过比现有的数据收集和审查更加便捷和便宜的方式，让数据资产大众化。企业客户可以以经济、高效和透明的方式访问特定的数据集，准确收集他们所需的数据，而无须支付额外的成本。

DataBlockChain 为数据使用者提供了一个开源的智能搜索引擎，它通过 AI 完成对数据源的量化打分，打分的因素包括：数据源的速度、数龄、可用数据量、数据质量、可用属性数、数据（与其他数据源的）一致性、样本数据的验证等，得分高的数据源将会在请求中优先推荐。

DBCCoin 是 DataBlockChain 中唯一的用于支付的加密代币，DBCCoin 基于以太坊公开发行的 ERC-20 标准（也具有 ERC-677 特征）Token，DBCCoin 可以用于购买数据，并支持与以太币或法币兑换。

DataBlockChain 将在用户和数据源之间提供一个功能丰富的 UI。该单点解决方案将消除对多数据源造成的数据割裂和效率低下问题，后端系统将确保最终用户对数据质量的完全信任以及数据交易事务的完整性。

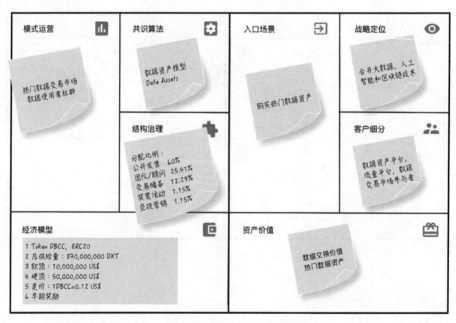

DataBlockChain 的 LamTex 画布分析

4. Datareum

Datareum 是一个去中心化的数据交易平台，可以使个人将自己的数据货币化，并直接销售给市场研究人员、学术研究人员或其他相关方。

Datareum 将安全地促进敏感个人信息的点对点交易，而不会造成黑客攻击。

DTN 是 Datareum 平台代币标记的缩写，符合 ERC-20 标准。平台上的所有交易都将使用 DTN 进行结算。通过代币钱包，数据提供者可以在公开代币交易所交易 DTN，也可以用 DTN 在平台内部购买商户优惠券。而数据请求者可以在公开市场交易 DTN，在 Datareum 市场购买数据、回收多余 DTN，并发布优惠券。

Datareum 将在线调查作为开拓市场的起点，针对传统在线调查缺乏有保证的安全和隐私信息、存在有多层中介以及支付成本高的缺点，利用多年合作区块链研究调查的最佳实践，为数据交易双方提供一个能够动态满足数据使用请求和报酬内容的、安全的点对点解决方案。

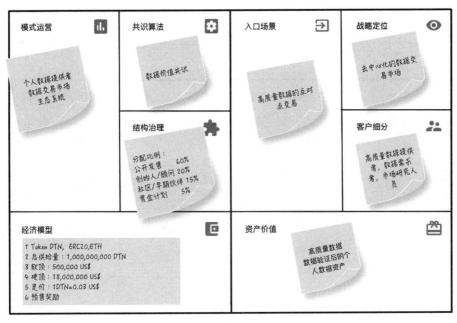

Datareum 的 LamTex 画布分析

5. Valid

随着新的欧洲隐私条例 (通用数据保护条例，简称 GDPR) 于 2018

年 5 月生效,监管机构也打算赋予个人更多权力,VALID 在这种情况下应运而生。它是一个新兴的 GDPR 解决方案。它将囊括所有个人用户属性,包括信用卡交易、地理位置、浏览历史、UGC 等,用户可以通过移动 App 和 Web 应用来管理个人数据。

VLD 是 Valid 数据交易市场的虚拟货币,符合 ERC-20 标准并可以在公开市场与比特币、以太币进行交易。因为 Valid 是一个完全免费的开源平台,交易需要支付的 VLD 都将直接进入数据提供者钱包。

由于使用了最先进的加密技术,用户将能够在网上进行身份验证并保护他们的个人数据。此外,用户还可以主动分享匿名数据,从而在 VALID 的数字广告商平台上过滤目标受众。作为回报,用户将获得及时、相关的市场营销推广,并获得有效的奖励。数据提供者需要确保数据质量和可靠性,并调整数据分享的偏好和隐私设置以及提升数据可用性的感知度来获得更好的数据请求报价。

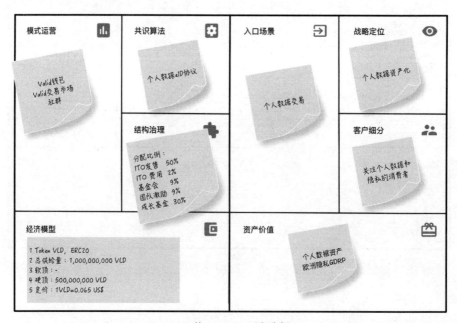

Valid 的 LamTex 画布分析

第 7 节　内 容 模 式

内容模式的 Token 可围绕内容创作、知识版权、艺术品实现分布式账本和货币化，通过 Token 将内容和版权货币化，实现内容真伪、版权追溯，打造创作人、评论人、策展人、收藏人等为主体的产业的共识价值。

内容模式的 Token 适合文化艺术类企业，比如内容社区类、知识版权类、IP 类、文化艺术品类、视频流媒体类和图片版权类等企业，围绕内容真伪、版权追溯、共识价值打造产业主体。

传统产业在内容方面遇到的问题：

- 文化艺术品作假泛滥。
- 内容产品定价混乱。
- 信息不透明。
- 创作者处于弱势位置。
- 普遍不尊重版权。

思考：从内容币来看创作者如何翻身当家做主人

内容货币化，先从最容易的数字内容开始，社区内容或者媒体内容因为其本身已经是数字内容了，而且单价比较低，所以可以快速进行货币化；另外，知识版权和图片数字媒体的版权，这些内容基本上也可以数字化，而且有技术进行跟踪和鉴别，所以也可以逐步进行货币化；再有，最昂贵的艺术品，受限于价值比较高且利益相关方比较多，最重要的是这些艺术品比较传统，实物居多，所以数字化程度很差，要先数字化才能够货币化。

虽然目前内容的持有者大多是平台，比如内容平台、媒体平台或者收藏者博物馆拍卖机构等，但与数据币的本质一样，内容币的所有者应该从创作者开始，由创作者拥有创始权利和权益。而货币化的价值发现和共识价值，也首先是创作者赋予的；数字化过程中的防伪，也要植入创作者的要素和信用。

目前已经有围绕版权或者艺术品的内容币设计了，大多是从内容鉴定或溯源的 Token 和支付结算的 Coin 入手，也就是从"真伪"和"钱"入手，这忽略了创作者的原生价值，尤其是从内容创作开始赋予的创作者声誉价值，到评论家、收藏家、机构、投资人等共同参与并赋予的共识价值。尤其是生态价值和声誉价值，这是非常核心的基础。

由于数字内容、版权和艺术品的价值高低程度不同、数字化程度不同，所以这里暂时以艺术品为例。艺术品的区块链模式，如果从创作者入手，就是要设计创作者与艺术品的 Token，艺术品作为资产 Token，附加上创作者的声誉价值，共同进行货币化。如果从交易所入手，则要考虑艺术品的交易过程和收益，可以采取双币制：一个锚定的 Coin 来作为交易的手续费、服务费、鉴定费等；一个收益的 Coin 来作为艺术品的增值、交易和收藏的收益分红。

但由于艺术品的价值比较高，可能有大量的高仿，甚至还可能有拍卖行或收藏者的勾结，所以首先要设计艺术品数字化的防伪手段，同时产业能够形成一定的共识来尝试建立一个艺术品协议账本。

所以，艺术品的区块链是要打造一个货币化的艺术品创作、评估、交易、收藏和分享的生态系统，实现艺术品 Token 和艺术品 Coin 的升值。除了创作家的作品货币化，同时用纳米技术等做标签来防伪上链，并与策展机构和博物馆、拍卖行等集中或匿名同步收藏、交易的记录，结合创作家、收藏家、评论家、投资人、用户等建立一个数字可信体系，实现行业社区自治的监督、审计、评价和投诉机制。同时，艺术品的价格发现、拍卖场的买卖保证金等都可以通过艺术品代币来完成。

艺术品区块链的创始块，就是要让创作者翻身当家做主人，他们不仅要创作艺术品，还要赋予艺术品自己的声誉价值；其他参与评论、收藏、拍卖等的人，除了评论、购买之外，也赋予艺术品自己的声誉价值，让一件艺术品的最终价值，不仅仅包括交易价值，还包括声誉价值。

艺术品共识是基于"透明匿名"的模式来建立一个行业的协议账本，区块链结合物联网技术，让每个时间节点参与的个人或机构都可以匿名同步交易或策展记录，形成一个带时间轴的透明的协议账本，以作为艺术品数字可信的基础。

时间也是价值。当因为时间周期让内容和创作者的价值开始发生错配时，艺术品的 Token 和 Coin 一般是看涨的。

但艺术品有个尴尬，之前的邮币卡炒作得太凶，大部分文交所被清理了，所以艺术品的二级市场非常尴尬。艺术品往往会被投机者盯上，重利之下防伪和声誉就会发生冲突，所以艺术品的区块链应用不是很被看好，反而是数字版权因为天生数字化和价值适中，其区块链前景一片光明。

概要定义

内容模式的 Token 的本质是内容货币化，由于内容分为不同类型，如社区内容、知识版权、艺术品、数字媒体，其货币化的过程也有所不同。首先，内容要数字化，社区内容、知识版权和数字媒体等已经是数字形式了，而艺术品等需要借助物联网技术进行数字化和防伪溯源，比如利用纳米防伪、内容指纹识别和视觉识别等技术；其次，让创作者为内容进行货币化的初始信任赋值，这是一种基于数字可信（Trust）和声誉的价值，让其他的策展人、评论人、收藏人、机构等进行点评、点赞以进行可信赋值，形成共识的声誉价值；最后，通过一个产业内共识的透明度协议，让内容的出处、交易记录和收藏归属历史可以匿名上链溯源，这样既可以辅助鉴别内容真伪，又可以形成带时间轴的可信价值协议。

对于数字形式的数字媒体，如图片、流媒体等内容，除了内容货币化上链外，还要通过 IPFS 等共享模式存储，对用户在内容上进行的点赞、点评或者推荐等行为进行代币激励，同时可以配合专用的矿机（专用媒体设备或媒体 App）进行点播观看；或者选择授权使用数字媒体内容，实时结算内容代币。

业务模式

内容模式 Token 最大的价值在于内容的创意和创作，这是无价的，故可以为内容模式 Token 带来无限的价值空间，这与实物资产对应的资产模式 Token 是截然不同的。

数字类型的内容，比如社区内容、知识版权和数字媒体等一开始便是数字化的，可以建立唯一识别的 ID 或者跟踪技术，关键在于对内容创作的价值货币化，并策划价值推广活动来形成价值共识。而数字内容的创作价值来自于创作者的初始定价或者数字内容资产交易平台的建议公允价。

数字内容资产的使用和传播是可以跟踪的，比如对数字媒体内容的跟踪，可以通过视频流媒体的点播和存储共享 IPFS 来实现；对数字内容版权的跟踪，可以通过网络技术和视觉识别、AI 等技术进行。

传统的内容创作，比如艺术品等，需要先借助物联网技术进行数字化和防伪溯源，比如利用纳米防伪、内容指纹识别和视觉识别等技术，在数字化的同时为创作者赋权，并在艺术品的原本市场价值的基础上，附加数字内容资产的数字信任价值。

创作者为自己创作的内容赋予货币化的初始信任价值，这是一种产业对于创作者的信任，成名已久的创作者可能高一些，而年轻新锐的创作者可能低一些。策展人、评论人、收藏人、拍卖或博物馆机构等对艺术品进行点评、点赞，可以形成共识的声誉价值，这将成为数字内容资产的数字可信（Trust）和声誉的价值。

数字可信和声誉价值来自于内容产业的参与，参与节点围绕内容价值进行带有自己声誉的点评或者点赞行为，这些行为可为数字内容资产增加价值，参与节点可获得内容 Coin 的激励。这种方式打造了一个"内容发现 – 内容推荐 – 内容策展 – 内容消费"的产业链条场景。

除了数字声誉价值的货币化之外，数字内容资产的市场价值也需要进行数字化，这些原本的传统的收藏、交易和拍卖等市场行为可形成一个市场价值，现在可以通过一个产业内共识的透明度协议，让内容的出处、交易记录和收藏归属历史等可以匿名上链溯源，既可以辅助鉴别内容真伪，又可以形成带时间轴的可信价值协议。

最终，数字内容资产的价值来自于交易市场的时间轴价值以及声誉价值的叠加，数字内容资产 Token 通过内容 Coin 进行货币化，并建立激励机制，同时作为数字内容资产的拍卖交易保证金和流动性智能合约被回购。

设计

1. 战略定位

一句话：让创作者的内容和声誉真正值钱。

内容模式 Token 的核心目标是让创作者的内容和声誉直接货币化，而不用依托于内容中介交易市场。同时，数字内容资产 Token 可以激励内容产业参与到价值共识中并建立良性生态。

2. 客户细分

一个人：有创意和才华的内容创作者。

内容模式 Token 的目标受众就是创作者，让创作者能够自主进行数字内容资产发行并赋予作品初始价值。同时，内容产业中的评论者、收藏者、策展者、拍卖展览机构等，也是内容模式 Token 的受众之一，可帮助实现产业的价值共识和分布式透明协议，故他们都需要参与和激励。

3. 入口场景

一幅画：内容模式 Token 的主要场景是数字内容资产的声誉评价。

数字内容资产的增值和声誉价值，来自于内容产业的不同节点的确认、点评、点赞等，只有一部分来自于交易或者拍卖，而数字可信和声誉价值更长久。

通过一个透明的分布式的声誉评价及激励机制，可让更多的人来背书以增加声誉价值，尤其是专业评论人士、收藏人士、专业机构、展览馆或博物馆等，可以更好地为数字内容资产增值。

4. 资产价值

一个数：内容模式 Token 的资产价值主要是内容创作的共识价值，这包括内容本身的市场价值、声誉价值和时间轴价值。

给一幅艺术品定价，是个既简单又复杂的事情，而且内容资产的价值又会随着声誉和时间的递增而产生波动。

内容模式 Token 要在创作内容的市场价值的基础上增加创意、设计、文化等无形价值，通过无价的创意和文化来增加数字内容资产的总体价值，并形成一个看涨的趋势。

5. 共识算法

一个共识：数字内容资产的共识是内容产业的透明度协议，一个带时间轴的声誉价值协议——PoTt（Trust+time）。

艺术品市场会从青年画家的作品开始培育和进行市场运作，经过一段时间最终实现创作内容的大幅升值。对于数字内容资产来说也是如此，需要在内容产业的共同参与和价值共识的基础上，提升数字内容 Token 的价值。由于是各个内容产业节点的加持共识，所以 PoTt 类似于 PoS。

6. 结构治理

一套治理：数字内容资产的结构有区别于其他模式，它要将无价的创意或艺术价值进行货币化和结构化，而这个结构化的过程又要通过内容产业的节点共同参与才能够形成最终的数字可信价值。

内容模式 Token 可以采取双代币制，即"Token+Coin"的组合模式，设立一个内容资产 Token，设立一个内容代币 Coin。Token 即内容资产的所有权或者收益权；Coin 是内容资产的支付、结算、定价等的锚定代币，也可以设计为稳定币锚定法币。

内容模式 Token 的设计，以内容创作的市场价值为基础，附加数字可信和声誉价值，二者的结构和比例需要根据内容创作的类型和不同领域进行合理设计，比如社区内容类的附加价值不会太高、艺术品类的附加价值可以比较高、附加在贵重资产（珠宝玉石等）基础上的创意设计可能会更高等。

内容模式 Token 的分配比例要充分考虑内容产业的参与节点，并设计激励机制来鼓励他们积极参与。可以吸引博物馆、展览馆或者拍卖机构成为战略合作伙伴，并通过锁定或者回购等智能合约来有节奏地提升内容模式 Token 的价值。

7. 经济模型

一个模型：内容模式资产的经济模型，来源于两方面，一个是有形资产即内容的市场价值，一个是无形资产即创意艺术的无价价值。由于内容创作是有限而且有时间周期的，无形价值又来自内容产业共识，所以内容模式资产的经济模型也会与供给理论和博弈理论相结合。

内容模式 Token 的发行总量，要结合创作者和时间周期进行确定；

Coin 的发行总量，要与 Token 总量和价值相结合，并评估市场的流动性，这些往往不能设定一个固定的硬顶。

内容模式 Token 的经济模型关键是建立以创作者为中心的内容金融模型。内容资产的流动性，通过数字货币交易所可以实现，也可以通过内容产业的数字资产交易市场实现，同时还可以设计内容资产的衍生品进行交易。平台可以通过锁仓、回购、资金池共享收益等方式，提升内容资产 Token 的价值和 Coin 的币值。

8. 模式运营

一套运营：内容模式资产的运营要扎根内容产业，尤其是类似艺术品产业的投资人、交易市场或者策展机构，这些是产业基础，一批持续的有素质的产业投资人往往来自于这里。

数字内容的资产要结合社群和社区，同时由于是在互联网上传播，所以要充分利用大数据和 AI 技术。

社区内容和数字媒体类的内容资产，与传统艺术品类的内容资产相比，虽然都是内容创作，但产业、价值、形态都不同，所以运营团队中的人才、运营模式和社区社群运营策略，都有不同侧重点，需要根据具体的产业情况进行确定。

要素

目的需求：让创作者创作的内容货币化。

适用性：适用于文化创作产业，有创作、宣传、策展和交易的场景。

效果：内容作品成为数字化的内容资产 Token，可以实现货币化或代币化，并激励内容产业的人都参与进来。

实现：通过联盟链实现内容资产 Token 上链，对艺术品类的内容资产的防伪和辨真需要考虑。

相关模式：与货币模式结合，与溯源模式可能有结合。

Token 案例

1. Friendz

Friendz 是一个将社区网络用户用于营销的工具平台。用户通过为品牌创建内容并在其个人社交网络中分享这些内容从而获得奖励。熟练的网络用户（称为批准者）在发布每个内容之前都会对其进行检查。用户和批准者可以花费他们的奖励来获得礼品卡和优惠券，或直接在 Friendz 的在线商店购买商品。

Friendz 实现分布式的在线营销，将最终用户提升到一个中心位置，用户可以通过发布数字广告获利。与知名影响者不同，用户通常不会通过广告获得奖励，即使他们在社交网络上共享品牌的帖子并与公司官方网页进行交互也是如此。Friendz 让用户以民主的方式在网上获利，是否能获利，取决于他们的技能和影响力。

Friendz 引入了革命性的营销理念，他们充分利用了社交网络上的点对点通信和口碑的力量。Friendz 用户不是一个拥有大量观众的影响者，而是每天使用社交网络的普通人，这样可能触达的观众的数量是相同的。通过这种方式，他们的个人资料上分享的广告信息以真实和自然的方式到达他们的朋友，这样反而会更有效。

Friendz 令牌（FDZ）是基于以太坊的 ERC-20 代币，客户和跨国公司可以通过平台在 Friendz 令牌上购买营销服务并享有折扣，用户将能够使用该应用获得代币，并花费代币购买应用中的特殊功能，使用 Friendz 令牌可增加用户的参与度。Friendz 用户认为硬币是 Friendz "游戏"的基础和组成部分。使用自己的 Token 可以提高社区参与度。客户将拥有独特的工具来购买全球的营销服务，并将 Friendz 视为媒体渠道。

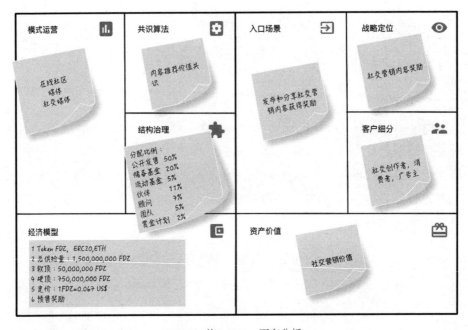

Friendz 的 LamTex 画布分析

2. FRESCO

FRESCO 是全球首个区块链艺术资产网络。通过区块链技术，FRESCO 能够在全球范围内实现艺术品的清算、促销和出品。FRESCO 代币持有者优先将 FRESCO 代币（FRES Cash）分配给 FRESCO 平台上的作品。FRES Cash 的金额等于它们可以分配给艺术品的信任值（FRES Trust）的总和。随着时间的推移，FRES Tust 反映了当前和以前的作品所有者对作品的信任总量。FRES Trust 的分发是不可撤销的，并为艺术品增加了一个独特的信任值索引。未来，它将是评估艺术品潜在价值的唯一分散和可靠的指标。

由于直接衡量艺术品收藏价值较困难且价格不透明、顶级玩家过度集中，艺术市场往往会威胁到新的投资者和收藏家，造成社会人员进入障碍。与此相反，FRES Trust 的索引能力以及以此概念创建的未来生态系统将使系统中的每个用户受益，其中包括经验丰富的画廊主、收藏家和艺术品专业人士。对于传统市场模式中的新来者或小型参与者，FRES Trust 为中进行艺术品收藏提供了一个通用和中立的参考。

FRES 版是艺术品的所有者发行多个版本的区块链证书的系统。当原始艺术品的 FRES 信托增加时，每个 FRES 版本持有者可以从该版本的升值中获得利润。RES 版本发行成功后，FRES 版本的编号将无法更改。由于 FRES 版本是仅出现在 FRESCO 平台上的区块链证书，因此离线作品的转售不会影响 FRES 版本的数量，也不会影响 FRES 版本的升值。每个 FRESCO 用户都可以购买多个 FRES 版本。

一旦 FRES 版本的交易和转售达到相当数量，FRESCO 将发布 FRES 版本交易平台（FEE），这是一个点对点的交易平台，供用户购买和出售 FRES 版本，期权交易将以 FEE 形式提供。

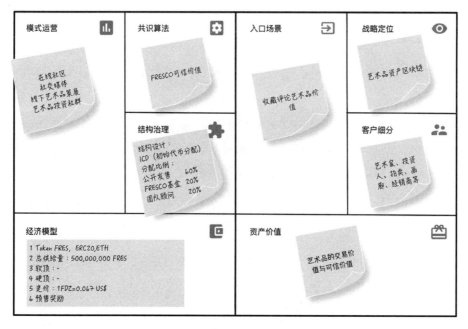

FRESCO 的 LamTex 画布分析

3. KODAK

超过百年历史的柯达公司宣布将推出基于区块链技术的"柯达币"（KodakCoin）和 KodakOne 平台，以便让全球的摄影师能够更好地控制图片的版权和交易。KodakOne 平台会创造一个摄影师图片版权的数字加密账本，在这个平台内，摄影师可以对自己的图片进行授权。柯达币就是这个平台的虚拟货币，它能够让平台上的摄影师在作品被使用后，迅速得到付款，同时更安全地在 KodakOne 平台交易自己的图片。

在技术层面，柯达的网络爬虫能够监督和保护摄影师在 KodakOne 平台上注册的图片的版权。而当侵权使用被发现时，KodakOne 平台又能快速处理后续的授权工作，让摄影师能够获得补偿。正如比特币颠覆的是银行一样，柯达币颠覆的则是图片社，方向是朝着真正做到替代信用中心、替代担保人角色、替代交易平台公信力去的，全部的交易凭借智能合约算法实现。发行的柯达币是为新区块化交易模式服务的。

使用柯达币，付款将会简化并且更快。根据我们授权区块链上保存的智能合同条款，全球涉及许可流程的所有利益相关方将同时获得其份额。摄影师和代理商将能够使用他们赚取的柯达币购买相机、软件、演播室时间、机票、酒店房间及其他产品或服务。我们正在为全球形象经济供应链创建一个可持续、值得信赖的基于令牌的社区，其中包括摄影师、图像购买者以及与图像相关的知识产权和各级权利人。

KODAKOne 平台将基于区块链的智能许可和智能合约，为所有图像提供高度自动化和透明的许可证文档。通过"合法清洁"流程提供的图像，增强了对潜在买家的吸引，确保他们不会违反许可协议。使用柯达币付款即时完成，不需要不同国家之间的货币转换。

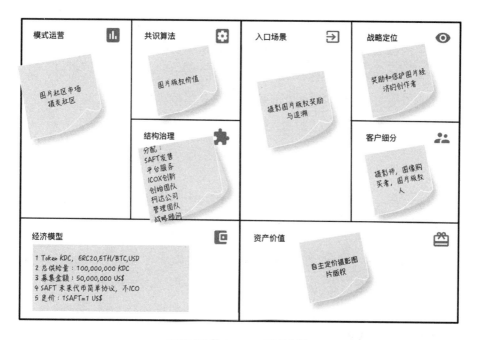

KODAK 的 LamTex 画布分析

4. Photochain

Photochain 是一个真正基于区块链的商业模式，它首次使创作者能够完全控制其数字图像的许可和交易。Photochain 通过重新定义内容创作者的身份并使他们能够以公平和高效的方式通过他们的工作获利来打入新的市场。

Photochain 是一个 DApp 分布式的应用程序，建立在以太坊区块链和 IPFS 协议之上。创作者可以通过 DApp 或者相机直接上传数字作品，并可以自己定价。数字作品被加密并存储在分布式数据库中，不会有一个中心化节点控制上传的摄影。这实际上是一个数字版权链，分布式数据库确保每张上传的照片都与其所有者永久连接，此连接无法以任何方式更改或删除。

PHOTON Token（PHT）是以太坊 ERC-20 代币，是 Photochain 生态系统中的奖励手段，代表数字视觉作品和服务的标志。买家和卖家确定销售条款直接与对方进行交易，在验证之后 10 秒内收到 PHT 代币，区块链为买卖双方提供完全安全和可验证的交易，创作者可以相信自己的作品是安全的。

5. Steem

Steem 是一个基于区块链的奖励平台，用于内容创作者通过内容获利和发展社区。

Steemit 是一个新兴的社交媒体平台，它以一种加密货币的形式向用户提供冷硬的现金。在 Steemit 上所做的每件事，所发的每篇文章、每条评论都会转化为 Steem 的数字货币。随着时间的推移及 Steem 的积累，它可以兑换成普通货币。

SMT 是 Steem 区块链上的本地数字资产。任何人都可以启动 SMT 来通过在线内容获利，并创建激励措施以鼓励所需的用户行为。SMT 与 Ethereum 的 ERC-20 令牌类似，但具有特定内置的"智力协议"属性以及专为数字内容业务设计的 Token 分发奖励系统。智力协议（Proof of Brain）是一种 Token 奖励算法，鼓励人们创建和策划内容。它使得 Token 可以通过"基于喜欢"和"喜欢"的算法进行分发，并且可以与网站集成以调整应用程序所有者和社区成员之间的激励机制，从而刺激代币价值增长。

Steem 是一个易于兑换成比特币和以太坊的可交易代币，通过社区投票分发给最有价值的贡献者。Steem 是零费用，几乎即时结算，比比特币或以太网每秒处理更多的交易。初始设置后，创作者可以专注于为其社区创造价值，而不必担心区块链技术管理的问题。

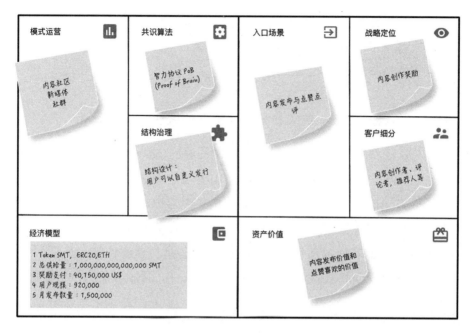

Steem 的 LamTex 画布分析

第 8 节 服 务 模 式

服务模式的 Token 是一种分布式的服务合约，是实现服务需求者和提供者的智能撮合和智能合约，通过对服务合约的数字化和支付结算的代币化，实现一个自带激励机制和代币增值的分散式共享经济生态。

服务模式的 Token 适合于按需按次呼叫的服务，比如外卖、家政、养老护理、地产中介服务、售后上门服务、农业农技农化服务、自由职业者专业服务等传统产业，是一个典型的共享经济模式。

传统产业在服务方面遇到的问题：
- 服务中介不透明。
- 服务能力和服务质量参差不齐。

- 付款不及时，平台克扣情况严重。
- 服务水平粗放，没有分级分类。
- 普遍缺乏信任。

思考：从养老产业区块链来看分布式服务的区块链模式设计

世界区块链大会上的保洁链大爷火了一把，但从分布式服务的角度看，保洁 O2O 项目都没有做大，这更多是因为保洁阿姨的素质能力和保洁的客单价问题。而比保洁更有市场空间的是升级为护理的 homecare，这个需要有一定专业能力，而且具有客单价更高、需求频次更高的好的需求场景，所以保洁链一定不如护理链。但不管保洁链还是护理链，都是分布式服务的一种。下面我们就从养老区块链的角度来看分布式服务的区块链设计。

随着老龄化的逐步加重，养老产业的市场越来越大。整个养老产业，从业态上可以简单分为术后康复、介入式护理、失智失能护理、健康养老公寓、适老化社区等。术后康复、失智失能护理、介入式护理一般需要在养老院或者专业机中进行；而健康养老公寓和适老化社区等，需要上门护理或者社区定点护理，这种需要分布式护理员服务的 Homecare 是最适合区块链的。

但是目前国内的养老产业一般都是以集中式的康养医院、社区或度假村为主，配备专职的护理人员，走养老地产的重资产模式，分布式上门护理服务是比较缺失的，而且护工服务质量参差不齐。国外重点应用的是另外一种模式：分布式服务的护理养老平台，通过 caregiver 提供 Homecare 服务。这个分布式护理服务的核心是通过移动数字设备将老年人和护理人员数字化，实现本地（家庭、社区）养护的分布式服务，打造一个非专职护理人员的共享平台。

由于养老产业比较粗放，作为主体对象的老年人和护理人员的整体数字素质并不高，所以养老链的基础就是先数字化，然后才能够上链，这就要求有专用的智能设备（矿机）。所以养老区块链的核心关键词有：数字化、智能设备、DApp+ 矿机、社区、交易市场。

1. 养老产业区块链 Token 设计

核心战略定位：围绕老年人的健康，主打"健康即财富"，以智能健康穿戴设备上监测得到的健康指数作为养老 Token，用养老金来货币化。

目标受众的定位在于居家养老或者社区养老，有自理能力，是需要上门或者定点护理的老年人，而不是失智失能或者病理护理的老年人。

核心场景是健康指数（DataCoin）+ 智能健康穿戴设备（硬件矿机）。通过智能健康穿戴设备监测产生健康数据，将数据上链后形成健康力，挖矿获得健康金，存到老年人的健康养老金账户。

核心 Token 为健康金 / 养老金，是养老产业区块链的 Coin，作为激励和支付手段，可以在以后缴纳养老费、购买护理服务时使用，还可以享受折扣、兑换（购买）合作伙伴市场（养老产业交易市场）上的服务、产品、保险等，但不作为任何股权或者所有权、投票权。

共识算法：老年人健康数据上链就是挖矿。因为是智能穿戴设备不适合 PoW，所以可能需要用改进的 DPoS 进行记账和挖矿，或者需要单独设计一个 DoH（Health，健康指数）。可以用健康指数和增量排名等作为委托人记账、奖励，而权益池的激励给全部的挖矿人。

注意，不仅老年人通过智能健康穿戴设备上链健康数据作为挖矿，护理人员也可以通过智能健康设备与 DApp 相结合进行护理服务的接单、结算和挖矿，以获得护理服务的 Coin 激励。

2. 养老产业区块链 Token 实现

通过智能穿戴设备实现老年人的数字化监测，通过智能穿戴设备实现护理人员的数字化服务，基于区块链的分布式护理平台和区块链钱包实现护理服务的预约交付、结算和激励。国外的部分平台已经开始尝试 AI 聊天机器人，基于老年人的数字健康档案数据提供实时的个性化护理和治疗顾问服务。前期是在线 Robot，后期是 AI 陪护机器人，这又给养老产业区块链带来了丰富的扩展和衍生变化。

在整个模式运营中，老年人、护理员、社区平台、交易市场都可以针对分布式护理服务的特点来展开设计。

（1）**老年人的数字化**：通过移动监测设备或数字健康仪，实现老年人的位置、身体健康数据、服务需求呼叫等的数字化，建立实时全面的数字健康档案。通过 App 可以实时查看相关数据，可以设置子女或社会关系，实现同步查阅提醒；可以设置各种规则（智能合约）按佩戴数字健康仪的时间、呼叫护理服务订单的次数、总体 Coin 和护理订单金额等进行差异化运营。

（2）**护理员的数字化**：面向非专职的护理人员。非专职的护理人员由家政服务人员或其他有基础的人员，经过培训、考试和认证才可上岗。上岗佩戴专用的智能穿戴设备 + 专用 App 实现服务的数字化（包括位置、工作时长、唯一性、护理工作监控等），平台自动结算护理服务费，并提供用户评价功能；也设置各种规则（智能合约）按接单的响应时间、次数、设备确认的工作量等奖励 Coin，按一定周期自动评定护理人员的护理服务水平为。护理员都有一个社区商城的专属微店，可以获得推广佣金。

（3）**区块链护理社区平台**：社区平台提供养老金机制，类似于积分升级版。社区平台按 Uber 模式，基于护理呼叫的地理位置、护理服务水平等进行智能合约的自动派单，或某等级的护理人员可以抢单，进行订单的交易、交付、结算和获取订单的养老豆激励。

设置不同运营规则，提高养老豆的价值，比如：护理套餐级别高的 A 级老年人的护理订单，需要护理人员用养老豆抢单；指定预约等级高的 A

级护理人员，需要消耗一定的养老豆等。

区块链钱包实现老年人、护理人员的支付、结算和养老豆激励，并与子女、社会关系进行链接或绑定，可以微信、支付宝充值。

社区商城是提供养老产业的兑换交易市场，养老金可以置换（购买）保险产品、养老用品、营养品、有机生态农产品等；也可以进行养老金的 C2C 交易。

（4）养老产业自建交易市场：与社区商城相融合，同时扩展衍生服务，比如与部分加密代币进行交换以增加休眠加密代币的流动性；与各服务机构的服务、促赠品、体验机会或糖果进行交易，服务机构如保险医疗健康等机构，通过购买养老金来购买用户的健康分析报告、到达通道或进行发币促销；与合作厂家进行交易；建立标准的交易协议 API，与不同渠道或产业联盟进行交易对接等。

总结一下：养老产业区块链 Token 设计，主打"健康即财富"，我的健康我做主！以老年人和子女为目标受众，核心是老年人的健康力，通过"健康智能穿戴设备 + 健康养老 DApp"，建立老年人数字健康区块，打造养老健康区块链，货币化老年人的健康养护行为。从这个案例中我们可以看出，每一个传统产业都可以通过专业团队的详细剖析解构，进而设计出一个合理的产业区块链模式。

概要定义

服务模式的 Token 是建立在陌生人信任的基础上的，是对数字化的服务合约进行智能撮合的分布式服务，并对服务合约和可信价值进行货币化，形成一个服务经济生态。

首先，通过数字可信来解决陌生的服务需求者和服务提供者之间的信任问题；其次，将服务对象数字化，服务对象的服务需求、行为的数字化非常关键，而且这种服务又往往与一种生活方式相结合，是价值共识的核心基础；然后，服务提供者也需要数字化，其基本属性、服务能力、资质、服务经历、可信价值等都是服务合约中的关键要素；智能撮合引擎内置智能合约，对符合条件的服务合约双方进行撮合，并发起可信跟踪；最后，通过需求者或第三方对服务提供者的服务进行反馈评级，并通过激励机制激励服务提供者和评价反馈人，如果有不符合服务合约标准或者有服务投诉，则启动惩罚机制，最终形成生态闭环。

服务模式的 Token 要承载服务合约过程中的数字可信价值，为服务双方的信任和数字化、差异化提供载体；还要承载支付结算和激励机制，来实现服务合约的支付结算、点赞打赏以及激励、惩罚等功能。

最终的价值共识体现在与该服务合约对应的生活方式上，即服务合约双方以及第三方平台对生活方式的追求，这种共同追求的货币化，可持续激励和推动服务合约的实现，也可不断强化陌生人之间的信任。

业务模式

服务模式的核心是一个服务合约的智能撮合，这是建立在一个特定的生活方式或者服务需求的基础上的，是数字化的服务需求和服务提供的智能撮合场景。所以说，服务模式的 Token 核心是服务合约，而服务合约的智能撮合，首先要解决的是陌生人之间的信任问题，这就是服务模式区块链要解决的核心问题。

服务模式 Token 首先通过物联网技术，还有人脸识别、语义识别、大数据、图像识别等技术，将某一种生活方式下的服务需求进行数字化，比如时间、地点、服务对象、服务内容和服务要求等。然后对服务提供者进行数字化，比如人口属性、服务能力、服务资质、服务经历、评价反馈等。在此基础上再进行智能撮合。

由于对生活方式的价值共识，服务需要进行分级分类，这就要求有一个服务水平协议（SLA），比如 A 级服务标准是什么？标准响应时间为多久？ B 级服务标准是什么？响应时间为多久？ VIP 服务是什么标准？这些都是一种生活方式或者价值共识下的服务标准。

服务模式 Token 基于服务标准和数字化，对服务合约和可信价值进行货币化。当服务需求者发起服务呼叫时，需要用代币来预约更高级别的服务；服务提供者应答服务呼叫时，需要验证和筛选是否满足服务合约的要求。整个服务合约过程，通过物联网技术、DApp 或者智能穿戴设备等实现数字化的接单，并实现服务过程的可视化，通过智能设备上链。

服务合约基于设置的智能合约用代币进行智能支付结算，并激励服务合约双方进行双向评价，即对服务提供者的服务能力进行反馈评级，对服务需求者的需求现状和难易程度等进行评价，并通过服务代币来激励服务合约的双方对违反服务合约的行为进行惩罚或者将违约方加入黑名单。

由于服务合约是陌生人之间的服务撮合，所以服务合约的机制是建立陌生人之间信任，这也是一种共识价值。服务需求的共识价值往往对应一种生活方式，所以服务合约试图解决的不是服务呼叫，而是打造一种美好的生活方式。

设计

1. 战略定位

一句话：服务美好生活。

服务模式 Token 的定位是为了更好地智能撮合服务，让生活更美好。无论是生活外卖服务还是家政护理服务还是专业服务呼叫等，都是围绕一种美好生活的价值共识展开的服务合约，服务模式 Token 通过数字化服务合约和智能撮合、货币化激励让服务更美好。

2. 客户细分

一个人：服务需求者和服务提供者。

服务模式 Token 的目标受众主要是服务需求者和服务提供者，因为二者是服务合约的主体对象。同时，还有在智能撮合基础上的第三方机构或平台，比如对服务需求者的需求和状态进行检测和数字化的智能设备或第三方，对服务提供者的服务能力进行培训、对其服务水平进行监督、对其服务满意度进行回访的第三方机构。

服务模式 Token 还要在服务需求者或者服务提供者基础上进行细分，对需求进行分类，对服务进行分级，实现服务合约的差异化，让服务模式 Token 能够真正实现精准服务生态体系。

3. 入口场景

一幅画：服务模式 Token 的主要场景是服务预约与交付的场景，也就是服务合约的核心过程。服务预约需要对服务需求者的服务需求进行数字化，而服务提供者也要进行数字化，然后实现服务合约的智能撮合。

在服务预约和交付场景中，可能需要通过服务 DApp、智能设备或者物联网技术来进行服务的数字化和可视化，并能够自动采集服务的时间、地点、服务过程等关键数据，从而实现服务合约的上链和货币化。

4. 资产价值

一个数：服务模式的 Token 体现的是一种生活方式，它的资产价值来自于服务的数字可信度，这些服务共识是建立一种生活方式指数的基础。比如对高品质生活方式的追求、对无微不至的养老护理的需要、对高水平的专业服务的需求，都是服务合约的关键，也是服务模式 Token 的价值所在。

服务模式 Token 的价值增长，来自于对高水平的服务合约的需求，因为高品质的服务需求和服务提供都受限于人的因素，所以对高水平服务合约的需求将会在一种通缩的状态下趋向增长。

5. 共识算法

一个共识：服务模式 Token 的共识是服务需求者和服务提供者对生活方式的共识，这种共识体现了对美好生活或者专业服务的追求，因此它需要有标准、有差异化、有激励机制、有系统性平台。

服务模式一般应用在某一个服务产业，比如养老、护理、外卖、经纪服务、自由顾问等，这个服务共识需要在产业内围绕服务形成共识，产业平台会有第三方机构提供符合标准的培训、指导、管理或者监督等。

服务模式 Token 共识来自于服务合约，其算法相当于对于服务合约的工作量的确认以及对服务合约的双向评价投票，因此是一种介于 PoW 和 PoS 之间的共识算法，也可以结合智能穿戴设备作为服务合约的矿机进行特定的共识算法设计。

6. 结构治理

一套治理：服务模式 Token 的结构会以服务代币 Coin 为主，实现服务合约的支付结算和作为服务费、手续费等；而服务合约是不是要设计服务 Token 需根据具体的产业场景决定，比如，有的场景只注重合约撮合，这时就不需要设计服务 Token；而有的是更加注重服务合约的差异化和分级分类，这时设计服务 Token 就非常有必要了。

服务模式 Token 一般是从产业服务平台角度切入进行设计和运营的，因此结构上要考虑服务平台的资源，比如第三方服务。同时，分配比例要倾向于服务提供者的服务合约挖矿的核心部分，对于服务提供者的服务机构或者企业，可以吸引成为合作伙伴或者节点。

在服务合约实施的过程中，用智能合约锁定服务所需代币并在交付和评级后自动结算；而围绕服务 Token 或者服务代币的流动性进行的合约回购或者资金池利润分享，是回馈用户和投资人的举措。

7. 经济模型

一个模型：服务模式 Token 的经济模型是一种服务运作模型，它服务需求规模和服务能力供应的影响，同时还与服务水平协议和激励机制有关。

在一定时间内，服务模式 Token 的供给是有限的，它只能满足一部分服务需求，不可能满足所有服务需求。

服务模式 Token 要分析自己所处的产业、服务需求的市场规模和供应情况，并深入进行需求分级分类、服务能力水平等数字化分析，最终确定服务 Token 的供应总量和价值总量。

在服务生态机制中建立服务能力水平升迁机制，并通过服务代币进行服务能力和满意度的激励，同时通过流动性合约、隔离机制等对服务合约进行规范。

8. 模式运营

一套运营：服务模式 Token 的运营是对人的运营，服务需求者组成消费者社区，服务提供者组成产业社区或者产业的个人社区，而服务平台或第三方机构是产业的投资人或参与企业，这些都需要运营。

服务模式追求的是一种生活方式，所以围绕社交媒体、社群和生活方式（LifeStyle）的 IP 打造就显得非常关键了。消费者不是为了预约一个高水平的服务，而是为了实现这个美好生活方式的需求。

服务模式运营还可以为服务需求者建立一个服务 Token 档案，以帮其将时间轴上的服务合约打造为一个数字化档案，从而呈现出一种趋向于美好生活方式的历程。这样能更加体现出服务模式 Token 的价值。

要素

目的需求： 让服务更加美好，智能撮合服务合约。

适用性： 适用于庞大的服务产业，尤其是客单价略高、需要诚信问题验证的行业。

必要性： 通过服务合约上链建立陌生人之间的信任，再通过服务代币来激励各参与方。

效果： 让服务更加智能化、差异化和精准化，通过激励机制形成良性服务生态。

实现： 关键在于服务合约的智能撮合引擎，它的撮合性能和价值体现非常重要，而且生态机制如何吸引更多的服务需求者和提供者参与进来也极为关键。

相关模式： 与货币模式组合使用，部分场景可以与智能穿戴设备的矿机模式结合，与积分模式结合。

Token 案例

1. LanceChain

LanceChain 是自由职业者与项目管理者使用 LANC 货币进行雇用交易的平台。自由职业者无须支付中介佣金即可获得安全妥当的工作机会，创建自己的工作团队，并有独立的公平主题专家对其工作进行评价并确保付款安全到账。

LANC 货币是由以太坊平台发布的，是符合 ERC-20 标准的虚拟货币。LanceChain 平台支持比特币、以太坊、法定货币与 LANC 货币自动转换。LANC 货币持有者有权选出独立主题专家，这些专家可以通过人才识别方案或解决纠纷赚取额外收入。

Lancechain 解决了自由职业者市场分散，中间机构收取佣金的问题。平台没有审查制度，从而保证了自由职业者获得最真实的评价、成就和账号排名，也确保了自由职业者能够成功收到佣金。

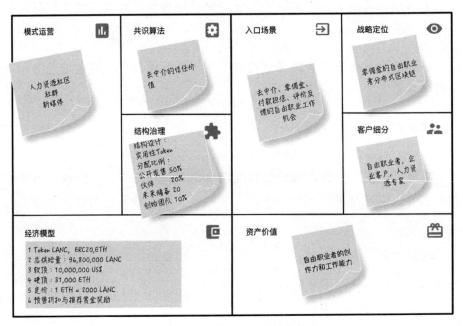

模式运营

人力资源社区
社群
新媒体

共识算法

去中介的信任价值

结构治理

结构设计：
实用性Token：
分配比例：
公开发售 50%
伙伴   20%
未来储备 20
创始团队 10%

入口场景

去中介、零佣金、付款担保、评价反馈的自由职业工作机会

经济模型

1 Token LANC, ERC20,ETH
2 总供给量：96,800,000 LANC
3 软顶：10,000,000 US$
4 硬顶：31,000 ETH
5 定价：1 ETH = 2000 LANC
6 预售折扣与推荐赏金奖励

战略定位

零佣金的自由职业者分布式区块链

客户细分

自由职业者，企业客户，人力资源专家

资产价值

自由职业者的创作力和工作能力

Lancechain 的 LamTex 画布分析

2. DateCoin

DateCoin 是为新的约会服务设计的代币，它使用基于区块链的工作商业模型的人工神经网络和人工智能算法，通过图像识别进行用户验证，通过神经网络进行语义分析，分析用户偏好、联系人历史等，为交友者提供最匹配的伴侣。

DateCoin 是以以太坊为基础且基于 ERC-20 标准的高流动性加密代币，用户可以用 DateCoin 在应用内用优惠的价格购买服务。所有服务的价格都将以法币和 DateCoin 进行标价，其中 DateCoin 的标价将低于市场现价。当用户使用 DateCoin 购买平台服务并激活该服务后，用于购买的代币将通过智能合约销毁。这种机制减少了流通代币的数量，使代币市场价格上涨。因此，这个代币将受到数百万用户的支持，并受到越来越多的受众和新市场的欢迎。

DateCoin 平台创建了信任环境，解决用户标识和验证问题，分布式数据保证了每个账号的真实性，从而解决了约会行业的核心问题，例如用户识别和验证，为约会提供创新体验。

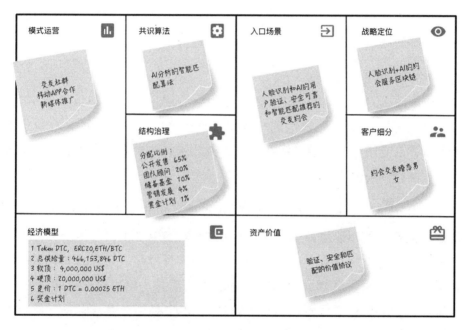

DateCoin 的 LamTex 画布分析

3. DeedCoin

DeedCoin 是一个面向未来的构建房地产交易的平台，利用区块链来消除因垄断造成的成本上涨。通过消减中间商层次，向自由市场分配控制权，从而使购买或出售物业的佣金降低至 1%。

DeedCoin 发行了可转换美元、比特币、LiteCoin 的基于以太坊

ERC-223 标准的代币——DeedCoin。使用 DeedCoin，可以节省 80% 以上的房地产佣金，节省的佣金约占房地产总价格的 5%。每个用户不需要购买很多的 DeedCoin，因为 DeedCoin 不是用来购买房屋的，仅用于支付低额的佣金。

DeedCoin 为房产经纪人和他们的客户提供了一个快速、简便的交易平台。尽管使用了区块链技术，但是用户并不需要有加密货币的相关知识。通过区块链平台，房产经纪人可以将他们的时间和精力集中在服务本身而不是相互之间争夺客户上。

4. Ethearna

Ethearnal 是 P2P 自由职业者中介平台。雇主和自由职业者将声誉、资金托管后，通过智能合约进行匹配。平台将声誉变成一种具有价值的 Token，从而使声誉与经济利益挂钩，因此所有的参与方都会非常诚实地参与到平台的业务中。

ETR 是 Ethearnal 发行的 ERC-20 代币，用户可使用 ERC-20 钱包通过智能合约使用以太币或者法币兑换 ERT。ERT 不仅可用于交易，同时也代表自由职业者的声誉。搜索引擎按照声誉排序，拥有的 ERT 越多，在网络中的可见性就越强。即使一开始没有声誉，也可以通过购买 ERT 来增加声誉。但这不代表可以作弊，这些 ERT 会押在参与者每一份智能合约中，如果自由职业者有恶意行为，将会失去这些声誉。

Ethearnal 平台还拥有仲裁者角色，用于解决雇主和自由职业者的争议。仲裁者成功解决争议后可以获得争议所涉及的 ERT 两倍以上的 ETR 报酬。用户只有购买或者拥有 ETR 才能成为仲裁者。

5. Arcade City

Arcade City 正在搭建一个面向当地司机群体的全球化网络。这个平台是第一个 P2P 共享汽车平台，而这个平台也是由当地的司机自己运营、管理的。Arcade City 目前为澳大利亚和美国提供服务。据说，很快墨西哥、加拿大和瑞典正在计划推出这项服务。

在平台中，用户需要购买该平台基于以太坊发布的 ARCD 代币用于支付乘车费用。用户确定路线和价格区间，司机提出报价，如果司机报价与乘客价格相匹配，则进行交易，用户确认乘车结束，区块链系统将会支付乘客事先支付的资金给司机。

Arcad City 基于区块链技术，开发以太坊智能合约来处理股权事物，使得司机股东可以根据服务、评价等因素自动获得股权或收益。另外平台还允许司机提供额外服务，这可以激励他们提供更优质的服务，从而保证品牌形象和盈利能力。

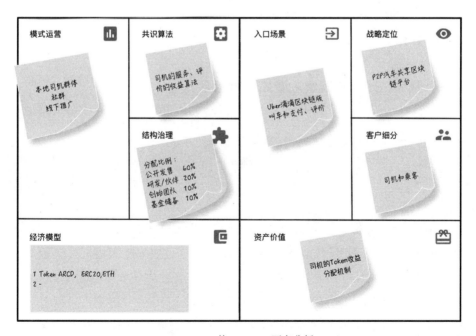

Arcad City 的 LamTex 画布分析

第 9 节　粉 丝 模 式

粉丝模式的 Token 是将娱乐圈中的偶像或 IP 网红打造成为一个娱乐链的 Token，进一步衍生商品、内容、打赏、服务、权益和票务等场景，形成一个分布式的娱乐价值协议。

粉丝模式的 Token 特别适合娱乐产业，比如明星偶像产业、经纪公司、娱乐演艺公司，还有具有大型 IP 的数字媒体公司、网红工作室等企业。

传统娱乐产业在粉丝偶像方面遇到的问题：

- 娱乐产业链不透明，缺乏共识。
- 经纪中介隔离了偶像与粉丝的直接沟通。
- 缺乏信任，存在利益分配暗箱。
- 粉丝诉求被动且得不到满足。
- 小网红、小明星得不到支持。

思考：从 TFBOYS 饭票来看如何养明星

粉丝的力量是无穷的。"区块链 + 粉丝"的力量更是无穷，比如一个非官方的区块链粉丝团，居然从"粉丝自发"的角度，让粉丝成为投资人在区块链上养偶像。虽然官方严正声明此非官方行业，但依旧有人参与。

2018 年 2 月份，一款名为 TFBOYS 饭票（TFBC）的产品在 TFBOYS 的粉丝圈热传，借用类似区块链概念发行"TFboys 饭票"，该饭票可以用于购买 TFBOYS 周边和演出门票等。当天中午，TFBOYS 官方发表声明辟谣，称从未授权任何组织及个人发行相关"饭票"。据其网站 TFBOYS.one 显示，TFBOYS 饭票（TFBC）是由区块链粉丝团自发创立的全球首个区块链粉丝数字娱乐通证（Token），同时未来在此基础上会打造全球首个粉丝区块链文化圈。

虽然区块链粉丝团是粉丝自发的"非官方"饭票，而且被官方严正辟谣，但该粉丝团居然将区块链粉丝模式设计得头头是道。

（1）强调不可篡改的分布式账本。"TFBC 基于以太坊技术，确保每一张 TFBC 在互联网中永久存在，粉丝持有的记录也将被永久记载，穿越世纪不可磨灭。"

（2）强调是通证（Token）而不是代币，避免了发币的违规性。"TFBC 是全球首个去中心化粉丝任务专用通证，使用通证未来可实现粉丝直播、粉丝答题、线下活动、演出票务、通证互换等多元生态，通过区块链技术和粉丝社群的自发监督性共同维护粉丝和偶像的利益。"

（3）饭圈共识，用一个特殊的算法实现总量恒定。"TFBC 总共发行59 993 157 张，是王俊凯（生日 1999/09/21）、王源（生日 2000/11/08）、易烊千玺（生日 2000/11/28）的生日数字相加，数量恒定。系统自动为TFBOYS 团体预留总共 60% 的饭票，即每人 20%。"

（4）通证的应用场景设计清晰，从购买到饭团待遇、活动，再到票务、代言产品和投资偶像价值均有详细设计。"TFBC 六大潜力场景：①购买正版消费，通过 TFBC 消费和使用经过版权认证的产品和服务，可维护偶像的 IP 权益，避免盗版、盗播活动对偶像的伤害；② VIP 饭团待遇，具备资源优势的高阶粉丝可以组织直播见面会、线下见面会等，向其他超级 VIP 粉丝专属开放，仅限 TFBC 组织圈内参与；③饭团活动体系，各粉丝团分支可以组织线下饭团活动和线上打榜活动等，通过 TFBC分配任务和奖励贡献值，体现不同粉丝的贡献度；④演出节目票务，使用TFBC 发售、转让、置换偶像演出票券，实现安全发售与转让，避免票务黄牛扰乱演出秩序，保护粉丝权益；⑤偶像周边代言，使用 TFBC 购买周边代言产品，如餐饮、服饰、游戏、电子消费品、航空旅行等，商家可以向粉丝提供收取 TFBC 的额外增值服务，实现吸粉效应；⑥偶像价值运营，系统为 TFBOYS 中三位成员预留 60% 饭票，通过星粉价值互动提升 TFBC 市场价值，帮助偶像实现更高市值，共同实现价值延续。"

（5）提炼了六大技术特点，很专业地突出了饭圈共识和总量恒定，并特别提升"世界通用、交易灵活"的"流动性"。"TFBC 六大技术特点：饭圈共识、总数恒定、加密保真、世界通用、功用扩展、交易灵活。特别提到 TFBC 作为一种去中心化的虚拟物品，粉丝之间可自由交易。TFBC 天然与同样基于区块链的各类数字币共享技术生态，现有交易平台完全可承载 TFBC 交易需求。"

（6）设计了巧妙的发行比例，以非官方的粉丝团发起的饭票，为偶像预留了 60% 的饭票，但偶像 TFBOYS 又不能承认并领取，这是多巧妙的一招。TFBC 发行的总量为 59 993 157，剩余数量为 19 027 994，参与人数为 67 257，每日免费发放 10000TFBC，免费发放期 26 天，认购比例 1ETH=3000TFBC。

从 2018 年 2 月份开始到本书截稿时（2018 年 7 月），这个粉丝团和其发行的饭票依然在运行，在其注册页面甚至光明正大地提示："本人知晓 TFBOYS.one 及 TFBC 为 TFBOYS 区块链粉丝团发起，与 TFBOYS 本人及时代峰峻公司无直接关联。本人清楚本项目面向非中国区用户开放认购服务。"但即使这样，目前参与人数也已达 67 257，不得不说是一个奇迹。

TFBOYS 饭票（TFBC）背后是资金盘还是在野的真粉丝不好说，但围绕偶像粉丝的区块链模式却是可行的。其核心是围绕偶像 IP 设计，让粉丝成为投资人，让其拥有前所未有的主动权和控制权，通俗点说就是"让粉丝养偶像"。偶像 IP 就是资产，围绕资产的流通有粉丝 Coin(饭票)，通过专用的 DApp 可以有饭团活动与视频流，最终有一个偶像 IP 的衍生品交易市场以实现流通。

"我在云端养明星"是 2017 年女团 SNH48 的区块链项目，女团 SNH48 和美国个性化人工智能公司 ObEN 合作，ObEN 使用 PAI 公链为超人气少女们打造专属的 PAI 应用，围绕 SNH48 少女偶像制作虚拟人工智能形象。

"ENTCash"项目是韩国首个为娱乐商业生活提供通用支付手段的区块链应用项目，致力于打造娱乐商业活动的基础价值网络。其商业模式简单清晰，目标是成为一个基于区块链技术的全球娱乐平台，明星、粉丝流量入口，通过 ENT 平台去整合娱乐产业各方资源，并将粉丝黏合在一起。ENT 用户不仅可以通过 ENT 加密聊天通信及支付，并可近距离与明星互动。该平台也可作为支付系统，支持明星发行独家专属代币（Idol Token），让偶像代币成为明星开展商业活动的支付方式。粉丝可使用代币奖励明星、购买周边产品、参与众筹项目，甚至支付明星出场费等，从而实现明星与粉丝之间的低成本应援，让明星 IP 全面变现。

"优币 YouLive"项目是主打视频直播体系内的代币应用生态。在去中心化直播社交平台里，以社区化自治的方式实现实时内容分享、社交和圈子的建立，通过区块链带来的新价值认可及价值分配机制，让所有参与者在生态中可直接获得来自对方的价值肯定。YouLive 平台发行 YouLive Coin，社区成员之间通过交换 YouLive Coin 的方式达到价值交换的目的，还可通过公链或代币交易所或者 OTC 平台进行交易。

从文娱产业的痛点分析，偶像明星与经纪公司、商业活动之间的共识、信任和利益分配都存在大量暗箱问题，偶像明星与粉丝的沟通渠道并不通畅。同时，粉丝群体和粉丝个体的诉求得不到满足，小的网红偶像 IP 得不到支持，这些都迫切需要文娱产业有一个统一的全球娱乐产业的平台，这是区块链的机会。

概要定义

粉丝模式的 Token 可解决娱乐经济中偶像与粉丝间共识和价值协议问题。将 IP 或偶像作为数字资产，让粉丝和用户来消费和投资，形成一个偶像指数，围绕偶像资产和衍生品打造一个偶像经济模型。

粉丝模式的 Token 希望将主动权和控制权赋予粉丝和用户，直接建立粉丝用户和偶像明星或 IP 之间的沟通互动、信任和共识，而不是被经纪公司、商业活动以及各种利益现象隔离，通过一个统一的娱乐产业平台来打造偶像粉丝社区。

在区块链上，IP 不再是人物和偶像，而是基于人物和偶像打造的数字 IP、偶像 Token。而基于粉丝模式的 Token 衍生出来的消费 Token，比如商品、内容、服务、权益等，都对应着粉丝用户的诉求和愿望。粉丝可以用 Token 来投票支持偶像、可以订阅专属的偶像视频或数字媒体内容、可以消费衍生商品、可以购买偶像的演出活动票务、可以预约与偶像互动的时间、可以享受粉丝活动的尊享权益等，甚至可以为偶像打榜，打造一个数字化的偶像支持力。偶像指数越高分享收益就越多。

粉丝代币可以用于支付结算，也可以用于偶像收益的共享，可以将利益分配有效地透明化和智能合约化，并可以通过粉丝交易市场进行交易、交换或兑换衍生品服务，让粉丝享受到偶像经济的消费与投资。

业务模式

粉丝模式的 Token 是一个分布式的娱乐价值协议，让粉丝可以自主消费与投资，相当于将文娱产业的偶像价值化和货币化，将 IP 及衍生品货币化。

文化娱乐产业的偶像明星经济，本身就有强大的社区基础，比如粉丝团等。但以前的粉丝往往比较被动且信息不对称，很难与偶像明星有直接沟通互动的渠道，粉丝模式 Token 就是要让粉丝有机会去中介，直接消费或投资偶像明星 Token。

文化娱乐产业的 IP，核心不是人物和偶像，而是用人物和偶像打造的数字 IP，尤其是区块链模式的粉丝模式 Token。它可以是成名已久的偶像明星，也可以是未成熟的年轻新星，都可以成为粉丝的投资 Token。

粉丝模式的 IP Token 衍生出来的消费 Token，包括该 IP 的相关衍生商品、数字内容或者数字媒体、专属粉丝团服务、特别权益等，与粉丝用户的诉求、愿望直接关联。粉丝用户以粉丝代币来对自己的诉求进行货币化。

粉丝模式 Token 里面，偶像明星的演出票务、时间、互动和签名照等衍生品，都是可以让粉丝来进行消费或者投资，有越多的粉丝支持，有越多的粉丝代币进行打赏，粉丝模式 Token 越有价值。甚至一些 Token 内容和服务，可以由粉丝用粉丝代币来投票发起。

偶像明星的专属媒体内容或版权内容，可以通过专属的粉丝模式矿机来进行内容的使用、视频流的媒体播放或存储共享，这些都要消耗粉丝代币，可以通过粉丝代币来冲榜。同时，粉丝代币可以用于粉丝模式里的各种交易和服务的支付结算，也可以作为投资某个偶像明星 Token 的收益分红。这样可以将粉丝对偶像明星的支持力透明化，全部用代币来货币化。

演出活动的票务可以通过区块链的加密防伪票务将偶像演出活动和粉丝连接起来，并用粉丝代币奖励粉丝的忠诚度，而且可以有效降低演出活动公司的门票印制和防伪成本。

设计粉丝模式 Token，需要建立文娱产业的交易市场，对粉丝 Token、衍生品等进行交易和交换；粉丝的代币打赏、偶像明星 Token 的奖金池等，都可以通过流动性合约形成一个粉丝模式 Token，并让每一个粉丝来分享粉丝模式 Token 的收益。

设计

1. 战略定位

一句话：让粉丝来投资偶像。

粉丝模式 Token 的核心目标就是让粉丝成为主人，他们可以来投资偶像明星，可以来消费偶像模型衍生品，可以来打赏和支持偶像明星，可以直接面对面互动，一切用粉丝代币来货币化。

2. 客户细分

一个人：粉丝。

粉丝模式 Token 的目标受众主要是粉丝，因为要让粉丝成为娱乐产业的核心。当然，娱乐产业的传统核心——偶像明星及经纪人等，也是粉丝模式关注的目标群体。

偶像明星会是第二目标受众，他们是粉丝模式 Token 的主体，他们的一切被数字化和资产化后会成为一个粉丝模式的 Token，让粉丝来打赏、预约、消费和投资。

3. 入口场景

一幅画：粉丝模式 Token 的核心场景是粉丝的消费和打赏场景，粉丝通过自己的粉丝代币来兑换偶像明星的演出票务、时间、服务、衍生品，用代币打赏来支持自己的偶像明星，或者用代币来投资偶像明星 Token 的权益产品。

偶像明星 Token 需要标准化权益和服务产品，从演出活动、粉丝互动、专属服务、特别权益、签名照到版权内容等各种衍生品，都要数字化和货币化。还可以将偶像明星 Token 打包为一个权益产品，让粉丝来进行投资，通过 Token 的奖金池一起来分享收益。

4.资产价值

一个数：粉丝模式 Token 的价值来自于粉丝的支持力，即偶像指数。

偶像指数是用粉丝代币来投票的。偶像指数越高，意味着粉丝的支持力越高，从而意味着粉丝模式 Token 的价值就更高。

粉丝模式平台一般会为不同偶像模型或其组合提供粉丝模式 Token 平台服务，可以在成熟的高偶像指数的资产和新发展的低偶像指数的资产之间，设计更多的衍生品服务，比如期权、指数等，让粉丝为偶像的未来投票。

5.共识算法

一个共识：粉丝模式 Token 的价值来自于粉丝对偶像明星的共识，所以这是一个粉丝群体形成的价值共识，它通过一个分布式娱乐协议形成。这个娱乐产业协议，来自于粉丝服务、内容点播、演出票务及娱乐衍生品等不同内容，通过强大的分布式账本技术，来促进对粉丝的透明行为分析，从而形成偶像的粉丝价值共识（PoF）。

粉丝模式 Token 是一个与"人"或"IP"相关的资产，所以 PoF 共识类似于 PoS，是粉丝用代币来获得投票权进行投票形成的共识。

6.结构治理

一套治理：粉丝模式 Token 的结构设计会是"Token+Coin"的组合形式。Token 是偶像明星的资产 Token，Coin 是粉丝代币。粉丝模式 Token 是与偶像明星的数据和偶像指数相关联的，粉丝代币是与粉丝的支持力相关联的。

粉丝模式 Token 的分配比例，要考虑平台、偶像明星及粉丝，其中偶像明星最为关键，它是 Token 的基础资产，然后才是消费和投资的粉丝。偶像明星进行资产打包上链后不需要消费或投资，只需要运营产品服务；粉丝需要通过打赏、消费、完成任务等进行挖矿，获得更多的粉丝代币，来继续消费或者投资偶像明星 Token。

7. 经济模型

一个模型: 粉丝模式 Token 的经济模型与粉丝热情相关。因此设计模型时,既要考虑与资产模式相关的偶像明星 Token 的产品服务衍生品体量,又要考虑粉丝的支持力和偶像指数。偶像指数越高,其经济总量是偶像明星价值体量的倍数就越高。

在流动性方面,对偶像明星团队的收益要设立锁仓机制、对 Token 奖金池的回购升值合约也要设立相关机制,以确保粉丝价值是不断上涨的。

粉丝调动起来是狂热的,所以激励机制要进行精细设计,从早期加入的早鸟计划,到推荐朋友加入、粉丝进行推广互动投票,再到设立偶像模型大使、特定权益(比如见面会)等都要设计,让粉丝狂热参与进来,以拉升粉丝模式的经济生态。

8. 模式运营

一套运营: 粉丝模式的运营与娱乐产业的粉丝团运营是相吻合的,因为投资人主要是粉丝,这相当于打造一个娱乐产业的投资人社群。

运营团队如果有娱乐产业经验或者粉丝团运营经验是最好的,这样能够比较熟悉粉丝的需求和行为特征,并能够组织粉丝团实现数字化和代币化升级。但是运营初期,有站台和深度参与的偶像明星最为关键,因为要进行初始模型 Token 打包设计,没有初始偶像明星就不能启动整个粉丝模式。这意味着要与偶像明星团队一起转型和赋能。

粉丝模式 Token 要通过偶像明星 Token 化之后,提供前所未有的优质娱乐服务或者粉丝直接通道,让粉丝代币成为娱乐经济的数字货币。不可篡改的分布式加密账本有利于结构化的激励和安全可靠的支付结算,从而打造一个基于区块链的偶像明星资产交付平台,这是粉丝模式运营的核心方向。

要素

　　目的需求：让粉丝能够直接与偶像明星进行互动，并可直接消费和投资。

　　适用性：适用于娱乐产业、明星团队。

　　必要性：去中介化，让粉丝与偶像模型直接互动和投资，通过透明和强大的分布式账本实现偶像指数的货币化。

　　效果：激发粉丝的热情，但也要避免粉丝因狂热而进行的不合理行为。

　　实现：粉丝模式 Token 的实现可以选择基于产业节点或娱乐团队的联盟链，也可以选择基于粉丝消费者的公链。可以在初始阶段先进行联盟链，未来再实现粉丝公链。

　　相关模式：与货币模式相结合，部分场景可以与矿机模式、内容模式结合。

Token 案例

1. TokenStars

TokenStars 是一个将名人 Token 化的区块链平台。它的目标是通过分布式技术，提供潜力明星资金和促销资源以颠覆明星经纪行业。通过一个利用分布式的、星探和组织内投票机制的区块链名人管理平台，以确保百万名使用者透明地参与其中。用"名人＋粉丝＋品牌＋广告商"的形式形成核心场景：购买 ACE 代币并支持名人→用代币获得来自名人的特别提供并参与他们的成就→成为 ACE 平台事业成长的一部分。

TokenStars 项目主要针对三种受众：传统区块链受众、机构投资者、基金和家族办公室（因为公司管理阶层来自金融业）体育项目粉丝。

ACE 代币是一个提供独一无二机会的产品代币，例如与球员进行数小时的训练、会面或为明星做广告等。这些服务都是用代币来购买的。代币越常被使用，对所有参与者越好。代办机构的佣金将被转换成代币，收取的佣金也会成长，机构需要通过从市场购买代币来刺激经济体系。同时，ACE 代币在 ACE 生态体系中扮演关键的角色，因为它提供了分布式组织投票机制中的投票权，ACE 持有人有机会在各种决策上投票，由此直接影响平台的成功。并且，ACE 代币也是会计的基础单位和为各种专员，特别是星探、促销员、广告商的付款方式。

TokenStars 的名人管理平台包括人才支持模块、明星 ICO 模块、星探模块投票模块、投注模块、赏金粉丝俱乐部模块、粉丝交流模块、竞赛和慈善模块、智能合同模块、品牌关系模块、电子商务模块等十二大模块。

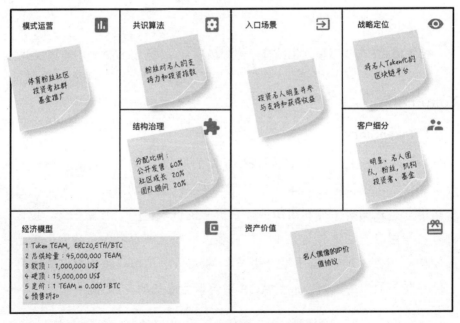

TokenStars 的 LamTex 画布分析

2. MDL Talent Hub

MDL 是一个链接艺人和演出品牌、观众的全球认证平台，类似于直播。MDL 让每个人可以找到愿意为自己才艺付费的观众，通过业余爱好来赚钱。

每个艺人的品牌都是基于信誉的项目，信誉是由区块链技术支持的，并且支持使用 MDL 币交易。

艺人自己制作的服装、设备、饰品、道具等是在普通商铺买不到的定制类道具或服装，这类可以在 MDL 平台上用 MDL 币便捷地进行交易或出租。

MDL 为预订者和演艺人员之间的交易提供保险，如果个人的交易信用非常好，用 MDL 币买保险是有折扣的。

3. AVH

AVH 是一个分布式的内容发布和版权交易平台，它是日本发布的世界上第一个用于成人行业的区块链应用程序，专注于内容创新和革命，允许用户与内容创建者无缝对接。

AVH 平台是一个生态系统，能够实现多种市场管理／定价机制之间的互操作性，以避免因 AVH 价格波动而影响数字内容的价格。AVH、AVS 是 AVH 生态系统的燃料，其中 AVH 是一般平台代币，消费者可以在二级市场购买 AVH 来购买数字内容；数字内容创作者可以通过 AVH 购买服务和进行房间升级。创作者在二级市场可获得或出售 AVH 以获得现金。同时，消费者收到的奖励池中的所有 AVH 代币都可以在二级市场转化为现金。使用 AVH 观看内容、购买版权及向内容创作者发送礼物都有助于实现内容的"真正奖励"模式，用户将获得 AVH 作为奖励。AVS 是一种特殊代币，是有限的 Token，仅用于在平台上循环播放相关内容。

根据 AVH 生态系统用户支持和忠诚奖励计划，发布内容的创作者、用户和第三方开发者这三者进行的主动行为都将获得一定比例的 AVH

代币奖励。同时，每笔交易由用户支付的费用中的一部分将回到奖励池作为 Token 进行流通。有贡献的用户可分享内容权益和从奖励池获得 AVH。

内容创作者（艺人）可以通过使用 AVH 来建立自己的粉丝社区，粉丝们可以投资内容创作者，通过持有的 AVH 代币分享内容的收益，并从奖励池获得 AVH。用户可以通过内容频道直接与内容创作者联系，包括点对点服务和互动，以及升级到现有的直播风格和基于社交媒体的全新应用场景。

AVH 媒体播放器是 AVH 平台的一个接口应用程序，集成了内容发布、管理、视频播放、钱包和其他功能，为了鼓励购买正版和激励内容用户，用户通过播放器观看视频和进行支付行为都可以获得 AVS。

在分布式公共区块链上，每个用户都是区块链节点，通过数字签名和加密来保证每个节点数据同步正确，实现可靠的分布式数据库存储。

4. FCFL

FCFL 是一个球迷控制的足球联赛联盟，是球迷们负责的真实世界的体育联盟。FCFL 建立在区块链的基础上，是第一个真正为数字时代创造的职业体育联盟。在这里球迷做主，将球迷带入总经理的角色中，让他们通过球迷选秀决定每支球队的名字、标识、教练和球员名单。

球迷 Token 是现场体育迷们的基础，通过一个简单的协议、应用程序、SDK 和 API 在区块链上构建一整套集生产、流媒体和投票为一体的工具集。球迷访问网络和 FAN Token 将为体育迷们带来革命性的变化，FCFL 将成为第一个由球迷访问网络构建和支持的联盟。FAN Token 是实现球迷交互性和参与 FCFL 背后的力量。联盟中所有的活动都依赖于 FAN Token。球迷拥有的球迷代币越多，对相应球队的控制就越多。球迷们可以通过观看比赛、打电话、证明自己的知识、制定团队决策以及与对手球迷进行竞争从而积累球迷代币。

2017 年，FCFL 在室内足球联盟中推出了名为盐湖尖叫老鹰队的扩展团队，证明了粉丝模式。FCFL 与亚马逊的 Twitch 和 Sports Illustrated 合作并将球队的控制权交给了球迷，球迷选择盐湖尖叫老鹰的球员和教练，通过移动应用程序从世界各地的球迷手中产生数以十万计的数据流和播放电话。最终球迷控制的球队在联盟排名中位居前三，球队的四分卫被评为年度最佳新秀。

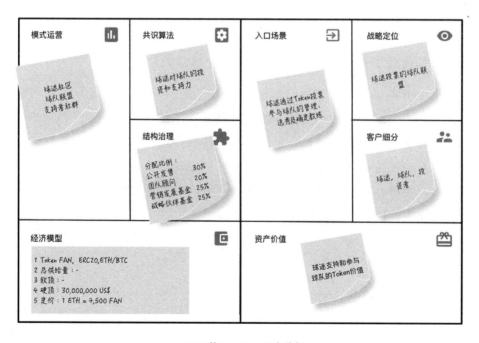

FCFL 的 LamTex 画布分析

第 10 节 储 存 模 式

储存模式的 Token 是利用闲置的带宽和储存空间，实现带宽共享和分布式储存，以供有需要的人或机构使用，从而获得对方给的 Token。这实现了一个与储存、带宽相结合的共享经济的应用场景模式。

储存模式的 Token 适合与存储器、路由器、智能硬件、带宽、计算等相关的企业。这种模式一般称为 IPFS(星际文件系统) 和 FileCoin(文件币)。

传统产业在共享储存方面遇到的问题：

- 资源浪费。
- 网络带宽闲置。
- 中心化存储的稳定性和安全性存在隐患。

思考：如何让共享车成为岁月的分布式存储链？

2018 年的共享车比较尴尬，传闻存在裁员、融资困难、车辆质押等问题，还传闻要搞共享车区块链。然而，共享单车的区块链，通过骑车来挖矿的模式基本上是个死循环，大部分单车用户是用免费券骑车，那么骑车挖矿再获得代币，代币再免费骑车，免费骑车再继续挖矿？这就跟积分模式的消费挖矿是一个道理：不应设计对已发生的消费或行为进行激励，而是要设计一种能够带来预期收益的激励行为。

用 LamTex 分析法来分析一下共享单车的模式。

1. 战略定位

共享车要做的是什么？是定位在帮大众消费者从位置 A 移动到位置 B 的工具，还是定位在年轻人从时间 A 到时间 B 的生活情调，尤其是一种"more riding more better"的骑行生活方式呢？

2. 目标客户

定位不清晰，可能也跟定位的人思考不清晰有关，共享车要定位的目标受众是需骑车换乘和接驳的大众消费者，还是喜欢骑行或需要双人情侣车的正在恋爱中的年轻人？前者价格敏感度高且收入价值低，后者价格敏感度低且收入价值高。

3. 入口场景

大众消费者的需求是换乘或者接驳，所以共享车的投放地点集中在车站、地铁口等地点，从而导致大量的拥挤堆放和投放不均衡，而时间往往集中在上下班高峰期；而年轻人骑行休闲或恋爱的，则分布在不同的小区、公园、湖边等等，恋爱轨迹遍布每一个有记忆的地方，时间上反而错开了上下班高峰。

4. Token 价值

鉴于前面的对比分析，共享车区块链的 Token 要设计能够带来预期收入与流量的，而不是免费循环和不断增加成本的，所以目标受众应定位在休闲恋爱的、喜欢骑行的一对对的年轻人，由于共享车可以记录骑行的用户、地点轨迹和时间，所以要利用 Token 打造一个有时间轴的青春岁月价值协议，用分布式账本加密保存那些恋爱 / 曾经骑过的日子和地方。

Token 组合设计：骑行幸福 Token，是一个记录骑行账本，用于形成幸福价值，可以货币化为 Coin；Coin，可以用来支付骑车费，也可以兑换附加服务，比如选用 IPFS 分布式存储，为 Token 建一个关联的存储空间，存储同一时间的照片、情书等文档。

5. 共识

共享车区块链的共识当然就不能用骑行价值（次数 + 时长 + 付费）了，而应是高大上的骑行幸福指数，也就是年轻人骑着车子谈恋爱、逛个街、休个闲等的幸福指数。这个幸福指数，就是两个人一起骑情侣车。情侣车不太好运营，所以可以设计为比邻开锁的情侣锁，寻找最近的配有情侣锁的单车。幸福指数可转化为幸福力，幸福力就是 Coin，然后可以在各种入口换券、换鲜花、换生日蛋糕，也可以换骑行费、存储空间等，甚至可以生成两个人的一段骑行时光宝盒。

6. 结构治理

资产结构上，除了骑行价值 Token，也可以将实物单车的资产考虑进去，进行 SPE 隔离并打包成理财产品，与该单车的不同骑行幸福指数的奉献值挂钩，让投资该单车理财产品的人可以收获单车的骑行幸福收益 + 美好故事。

7. 经济模型

对于这一点在此就不详细说了，差不多一辆单车一个资产 Token，有个骑行幸福价值共识协议，有幸福币 Coin，再整一个分布式存储就可以了。

概要定义

储存模式的 Token 是一个典型的共享经济，或共享带宽或共享存储，实现分布式的安全和稳定性，基于这种共享和安全稳定，用相对应的 Token 或者 Coin 进行激励。

IPFS 协议的全称是 InterPlanetary File System（星际文件系统），IPFS 就好像在庞大的互联网宇宙中散落了无数的星，每颗星都代表一个节点，组成了庞大的 IPFS 网络。IPFS 是基于区块链的、永久的、去中心化保存和共享文件的方法，是一种点对点的分布式协议，打造了一个点对点的拓扑网络，相当于颠覆 HTTP 所代表的分布关系。它具有内容可寻址的特点，通过文件内容生成唯一的哈希标识，从而节约了空间开销的成本；FileCoin（文件币），通过复制证明（PoR）和空间证明（PoSt）实现文件的分布式存储。

业务模式

分布式储存和带宽共享，单独存在时业务模式比较简单，就是文件的分布式储存和共享的激励，或者带宽的共享带来的共享收益。但文件储存如果与时间维度相结合，可以形成一个时间轴的价值，这个分布式的时间轴价值是可以设计成一些满足消费者特定需求的场景模式。

储存模式作为一种基础功能，虽然比较简单，但可以与其他模式的 Token 进行组合使用，比如与内容模式的 Token 相结合，可以在内容货币化的同时，对内容进行分布式储存；比如与粉丝模式的 Token 相结合，可以在粉丝专属媒体播放器上利用分布式带宽和储存共享。

设计

1. 战略定位

一句话：共享一切。

存储空间、带宽或者其他资源都可以通过区块链来进行共享并产生更大价值，通过分布式甚至可以带来更大的稳定性和安全性。

2. 客户细分

一个人：有电脑并愿意共享空间、带宽资源的人。

这种人，需要有共享精神和参与精神，而不能只是投资人。

3. 入口场景

一幅画：储存模式的主要场景就是共享，共享硬盘或者共享带宽等闲置资源，产生价值并进行分享和激励。

共享的方式和机制可以结合需求进行一些业务上的巧妙设计，比如去中心化的内容发布平台、朋友之间的文件共享系统、用 IPFS 作为存储的视频分享网站、建立在 IPFS 上的 wiki、基于 IPFS 的搜索引擎、基于 IPFS 的文件分享、基于 IPFS 的图片分享网站和分布式聊天工具等。

4. 资产价值

一个数：储存模式的资产价值就是储存量。

储存模式是通过储存量代币（FileCoin）的激励制度来让大家有动力去做节点，个人电脑作为节点用来挖矿，以共享储存量，获得 FileCoin 代币奖励。同时，储存量所占比例又可以转化为矿工投票权。

5. 共识算法

一个共识：储存模式用的就是存储证明（PoSt），类似 PoS 权益证明。

IPFS 的共识机制是存储量证明，简单来说，就是矿工完成文件的存储。在验证矿工是否真的完成文件存储的时候，才可以达成共识，这样可以防止不诚实的矿工实际存储的数据要比声称存储的数据小，并且可将矿工在网络中当前存储的数据相对于整个网络的存储量的比例转化为矿工投票权。由于是将基于储存量（FileCoin）所占比例转化为投票权，所以这非常类似 PoS 权益证明。

6. 结构治理

一套治理：储存模式的 Token 就是存储量代币 FileCoin。

Token 的分配比例：

（1）矿工：70%。

（2）协议实验室：15%。

（3）投资者：10%（公募 + 私募）。

（4）FileCoin 基金会：5%。

7. 经济模型

一个模型：储存模式的 Token 经济模型跟货币的比较像，相当于用 FileCoin 来激励共享行为。

FileCoin 的 ICO 结构：

（1）时间：2017.8.2—2017.8.5。

（2）投资人数：2100 以上。

（3）筹集资金：2.05 亿美元。

（4）成本：0.75～5 美元。

（5）占总量：10%（总量 20 亿）。

（6）锁定期：6 个月（0%），1 年（7.5%），2 年（15%），3 年（20%）。

（7）发币时间：从 FileCoin 网络上线开始算（6 个月锁定期，网络上线后 6 个月）。

Token 的分发详情：

（1）开始时间：从 FileCoin 网络上线开始算时间，例如，6 个月分发期 (vesting period)，网络上线后 6 个月内发放完毕。

（2）投资者（ICO）：1 年最低分发期 (私募),6 个月最低分发期 (公募)。

（3）协议实验室：6 年，线性释放。

（4）FileCoin 基金会：6 年，线性释放。

（5）矿工：6 年分发一半。

模式运营

一套运营：由于大量的个人节点共享参与，所以储存模式的社区运营非常关键。储存模式可能会推出挖矿的矿机或者挖矿 App，这些都需要运营和推广；目前 IPFS 主网还没有上线，还在售卖矿机。

要素

目的需求： 共享个人电脑的存储空间和带宽资源，获得存储量代币 FileCoin 激励。

适用性： 分布式存储或带宽共享，适合以此为基础，延伸更多应用场景。

必要性： 挑战 HTTP 协议非常有必要，而且与区块链技术完美结合。

效果： 目前还未大面积展开应用，但已经有一些小的应用效果。

实现： 需要关注主网协议的稳定性和公平性。

案例： P2P 下载、FileCoin。

相关模式： 与货币模式和矿机模式目前已经结合使用；与内容模式的 Token 相结合，可以在内容货币化的同时，对内容进行分布式储存，比如与粉丝模式的 Token 相结合，可以在粉丝专属媒体播放器上利用分布式带宽和共享储存。

Token 案例

1. IPFS

IPFS 本质上是一种内容可寻址、版本化、点对点的超媒体的分布式存储、传输协议，其试图将所有具有相同文件系统的计算设备连接在一起，目标是补充甚至取代过去 20 年里使用的超文本媒体传输协议（HTTP），希望构建更快、更安全、更自由的互联网时代。

IPFS 用基于内容的地址替代基于域名的地址，也就是用户寻找的不是某个地址而是储存在某个地方的内容，系统不需要验证发送者的身份，只需要验证内容的哈希，从而让网页的速度更快、更安全、更健壮、更持久。

IPFS 的工作原理：每个文件及其中的所有块都被赋予一个称为加密散列的唯一指纹，IPFS 消除整个网络中的重复性内容并跟踪每个文件的版本历史记录，每个网络节点只存储感兴趣的内容，以及一些可帮助确定谁在存储内容的索引信息。在查找文件时可以要求网络查找将内容存储在唯一散列后面的节点，每个文件都可以通过名为 IPNS 的分布式命名系统中的可读名称找到。

2. FileCoin

FileCoin 是一个分布式的存储市场，允许任何人以存储提供商的身份参与，并通过将硬盘驱动器空间与其他服务分离，使存储器类似于商品或公用事业。加入 FileCoin 存储市场后可共享硬盘、单个磁盘、机架或者整个数据中心，FileCoin 网络协议将分布式处理文件传输和事务。投放市场的空间越多，获得的 FileCoin 越多。

FileCoin 在分布式存储网络领域引入了两项新的研究：复制证明（PoR）和空间证明（PoSt），从而实现了分布式和可验证的存储中验证存储的复制证明和对采矿块的空间、时间进行证明，从而让任何人都可以成为一个 FileCoin 矿工，把未使用的存储空间，通过 FileCoin 挖掘软件在 FileCoin 市场上分享出来以获得满足存储需求的代币。FileCoin 货币可在多个交易所进行交易，并由多种加密货币钱包支持，使您可以轻松地将 FileCoin 兑换为其他货币，如美元、比特币和以太币。

3. TimeBox

TimeBox 是世界上第一个使用分布式区块链和智能合约技术的"记忆银行"，其推动了人类记忆库生态系统的分布化。

TimeBox 就像一个利用分布式存储技术和智能合约的时间胶囊，只要互联网存在，区块链就可以永久保留我们的数字资产。智能合约保证了数字资产的存储能够按时交付。通过这种方法可以为数字资产（如照片、视频、密码、银行对账单、加密货币甚至从人脑中下载的记忆）构建高级数据块。

Timebox 为用户提供了简单、强大和便利的在线托管服务。短期内就可建立一个分散、安全和可持续的基于数字资产的区块链网络服务；中期可为每个人提供易于使用、功能强大的内存存储和传输服务；长期可推动人类记忆库生态系统的分布化。

TimeBox 平台中采用的 Token 称为 TimeBox 代币，简称 TB 币。作为虚拟商品（就像游戏点或游戏黄金链一样），TB 币不属于投资产品，其价值完全取决于市场规则和实现应用程序的需求和流动性，同时 TB 币将作为 TimeBox 平台中的虚拟支付货币。

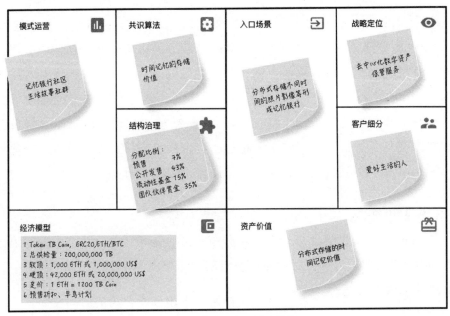

TimeBox 的 LamTex 画布分析

第 11 节 特 殊 模 式

通证设计模式除了以上十大种之外，还有一些特殊的模式。之所以说这些模式特殊，不是因为其业务模式的不同，而是它们有一些特定的场景或者功能，但又可能单独存在。本节将对这些模式进行介绍，以避免大家混淆了场景、功能与设计模式的区别。

场景

区块链上一些特定的场景，比如投票、预测、游戏、虚拟 VR，需要用场景 Token 作为场景的入口或者访问钥匙，并成为场景中的支付结算的手段或参与的凭证。

场景 Token 适合那些需要短期或者长期特定场景的企业。

下面就以茅台酒，看看他们是如何设计自己的 DApp 的。

2018 年初茅台酒又涨价 18%，从近几年茅台酒的涨势来看，其保值、增值堪比黄金和比特币了。作为一个高端白酒企业，也是传统产业中的典型标杆，我们可以从产业区块链的角度来看一下：茅台酒如果布局区块链，应该如何设计自己的 Token 呢？

第一，先分析一下茅台酒布局区块链的必要性。

作为一个高端白酒龙头企业，茅台酒的供销渠道存在大量的中介模式，销售层级多，需要去中介；茅台酒虽然品牌很响，但是受各种"茅台镇酒"的冲击，需要建立正本清源的信任（品牌）；茅台酒的生产供应不够，流动性（或者人为性的流动性）好，没有库存；需要进行溯源防伪打假，信息验证成本比较高；目前的茅台酒有一定的稀缺性，尤其是茅台的产地和原酒资源是稀缺性高价值资产；除了批零价差模式和人情模式之外，需要一个特有的支付激励手段。

从这些角度来分析，茅台酒通过基于信任和价值的区块链建立一个新的生产关系来解决上述问题是非常有必要的。

第二，从现状和目的入手来分析茅台酒的 Token 设计模式。

传统企业做区块链的设计，不是拍脑袋上个账本、发个 Token 就可以了，而是要结合企业的现状进行产业的资产和关键问题分析。作为新的生产关系，一定要解决企业的问题，要能带来价值增量，而不是拍个空气币出来。

我们先来看看茅台酒的目标客户。很多企业在目标客户上往往有所迷失，比如茅台酒的客户可能会是：喝酒的人、买酒的人、请客吃饭和送酒的人，但真正核心的目标客户是哪一类？喝酒的和买酒的人是不是核心客户？请客吃饭和朋友之间互赠的人可能用酒量更大。

茅台酒的产业链条里面的痛点是什么？作为宴请馈赠的人，核心痛点不是打假，他们更关心是否买不到茅台，买不到有年份的茅台。也就是说，他们更关心面子问题。

那么好了，茅台酒的区块链核心不是溯源防伪，而是可以解决优先买到、有面子等问题。是不是与你最初想的不一样呢？

根据对需求和痛点的简单分析，设计上可以结合资产、矿机和积分等不同模式来展开。

（1）资产。将茅台酒的原酒和基酒，按照年份标准发行 Token，使窖藏产量对应实际的 Token 总发行量，因为茅台酒的成品酒，都是从原酒生产出来的消费资产。

（2）矿机。VIP 身份的 App 配合防伪设备码，结合现在茅台酒的防伪设备，发行限量版的 VIP 贵宾客户身份，通过个人身份认证来绑定一个茅台 VIP 的 DApp。用这个 DApp 的个人公钥，配合专用防伪设备才能开瓶，用了这个 DApp 才可以赚茅台酒的积分。DApp 上开瓶还可以显示上链的各种加密的数据图片。

（3）积分。茅台酒的积分应该发行茅豆（MaoTaiBean），消费者买了酒可保值、增值，而用会员 DApp 开瓶喝了还可以消费挖矿，喝一瓶激励一个茅豆，然后 20 个或者 50 个豆可以换一瓶，一定时限内 100 个豆可以升级 VIP 贵宾会员。还可以改造一下订单系统，订一件需要消耗一定量的茅豆作为预订费用，没有茅豆一律不让订酒，把人情关系数字化为茅豆，没有的会到处找茅豆，这样茅豆自然就会出现价值上涨的情况了。

这样的组合设计，充分利用了消费者挖矿，其实是激励未来消费，酒喝掉了还能赚取茅豆，而茅豆又能增值；只不过喝酒的数据要实现增值变现还有些困难，但这样数据可形成闭环，这比搞个会员积分强大多了。

茅台酒的分布式账本可实现有价值的产品的全链条溯源，有原酒资产等上链，有 VIP 矿机和茅豆进行生态机制，又有资金青睐，完全可以打造一个"资产 + 积分币 + 矿机 +DApp 钱包 (P2P 交易市场)"的经济生态模型。

功能

一些区块链上特定的功能，比如视频流、即时聊天、电子钱包、交易平台等，需要功能模式的 Token 作为访问功能的钥匙。

功能 Token 适合区块链平台上一些特定的功能，至于到底是哪些特定功能，这需要看每个企业的功能规划和具体设计。

下面就以数字资产交易平台，看看如何打造一个丰富多样的二级市场。

在数字加密货币领域，数字货币交易所就相当于证交所的二级市场。一个 Token 经济，除了要有前期的股权、基石投资、战略投资和私募预售等阶段的一级市场外，更重要的是要有公募和发售后上交易所的二级市场。只有有了活跃的二级市场，才能够有 Token 的流动性和价值上涨。

但数字加密代币的二级市场，不只是数字货币交易所，加密代币也不是必须上币交易所才可以有流动性，这就是数字货币交易所与数字资产交易平台的核心区别。

作为数字货币交易所，目前有两个方向：一个是中心化的数字货币交易所（CEX），类似 Coinbase、火币网币安等，都是基于 Web 技术开发的中心化数字货币交易所；一个是去中心化的分布式交易所（DEX），类似 EtherDelta、Bitshares 等，都是基于区块链技术开发的链上分布式交易所。但无论是中心化的还是去中心化的，这些交易所都是数字货币交易所，进行的是直接币币交易或币与法币的交易。

作为数字资产交易平台，从数字资产 Token 入手，既可以做 Coin 类的数字资产的交易，也就是前面两类数字货币交易所；也可以做不发币的 Token 类的数字资产的交易所。这就是说数字资产交易平台可以有丰富的二级市场模式，主要有四个方向：数字货币交易所（包括中心化和去中心化的交易所）、数字资产交易市场、产业链交易市场和金融资产交易所（Token 衍生品）。对于数字货币交易所的业务大家应该都了解了，这可以参照中心化的火币网币安或者去中心化的 Bitshares。而后面三个，则是不发币的 Token 资产获得流动性的关键，我们来展开看看如何不发币也可以正常运作。

（1）**数字资产交易市场**：围绕的是 Token 数字资产。这里要提示一下，数字资产与数字化资产不一样，数字化资产是实物资产的数字化（有一一对应映射的可能性），数字资产可能是直接来自于数字或者信任（不一定有实物资产与之对应）。传统产业发行的 Token 资产，即使没有实物资产与之一一对应，也会对应具体的实体业务，所以不一定要发币上交易所，可以在公开的数字资产交易市场实现流通。数字资产交易市场会建立加密资产的标准协议，对外开放并可进行交换；同时，与实物资产的交易市场实现互补，而不是替代原有的交易市场，从而实现增量价值。在 Token 资产交易、交换的基础上，还可以对 Token 进行数字加密资产的质押融资、数字资产证券化、资产包信托、P2P 理财投资等以实现其流动性。

（2）**产业链交易市场**：在一个特定产业链内，对产业联盟的区块链和 Token 资产，有足够大的体量和上下游节点企业的结算清算需求，从而可以在产业链内自建去中心化交易市场来实现产业链体系内 Token 的流通，从而实现 Token 体系内循环。基于产业联盟的共识，用产业 Token 进行统一支付结算，并在产业链交易市场中对产业资产 Token、产业 Coin、产业链上下游的票证资产等进行交易、交换。

产业链资产交易市场的核心是基于产业共识为产业链内的企业节点提供 P2P 的交易，这些都是围绕链上的 Token 交易、Asset 交易、合约交易展开的。与法币的交易，往往需要金融机构通过合规的渠道、结合传统产业的商品、订单和票据等的上链数据进行信托、资产证券化、P2P 理财投资等金融产品设计。

（3）**金融资产交易所**：针对数字资产的金融衍生品业务，当 Token 不再上币而是回归数字加密资产的金融属性后，数字资产的金融业务就可以充分衍生出来。金融业务会涉及很多，从简单的 Token 的场外交易、Token 红包、Token 一键兑换等，到高级的 Token 金融业务，如 Token 担保交易、Token 质押融资、Token 融资租赁、DApp 交易市场等，然后还有金融衍生品业务，比如 Token 期货、Token 期权、一篮子组合、ETF 等。金融资产交易所就是为了这些 Token 资产衍生品业务服务的。

所以，数字资产交易平台定位和运营得好，可以比数字货币交易所有更丰富的手段来帮助传统产业实现数字资产在二级市场的流动。

Token 案例

1. Augur

Augur 是一个基于以太坊区块链的开源、分布式、P2P 的预测市场平台。

REP 是 Augur 系统的流通货币。Augur 的用户将真实世界的信息提供给 Augur。Augur 通过为 REP 代币持有者提供财务激励来纠正他们认为错误的市场，从而确保了真实世界信息的准确性。用户可以通过几种方式参与 Augur：在市场上交易股票、创建预测市场或参与报告来保持 Augur 预言的准确。

在 Augur 预测平台，市场创造者设置了活动的开始和结束时间，指定了记者、决议来源和结算费用，交易者可以在市场创建后立即购买 Augur 市场的股票。Augur 合约为每个创建的市场维持一份订单，并以当前最优惠的价格提供股票。事件发生后，结果由指定的记者确定或者最终由 Augur 的分布式预测者决定。REP Token 持有者可以参加 Augur 报告系统，可以在解决争议问题的 7 天内参与任何 Augur 市场的暂定结果的确定。

Augur 没有任何限制，世界上任何地方的任何人都可以自由参与。

交易平台

数字货币交易所是数字货币流通和价格发现的关键场所，也是数字货币产业最有话语权和最赚钱的节点。数字货币交易所也经历了快速发展，从最初的中心化交易所已发展到最近的去中心化交易所。

一般而言，中心化交易所分为法币交易所、币币交易所、期货交易所。法币有可以直接买卖数字货币的场内交易牌照的 Coinbase 等，也有做场外 OTC 撮合建议的火币等。币币交易因为不受监管政策影响，所以是主流交易所都有的基本功能。期货交易所风险高、杠杆高需要监管，所以比较少，类似的有 BitMex、CME。

中心化数字货币交易所掌握着大量的用户资金，存在安全隐患，容易成为黑客攻击的目标；也存在交易所监守自盗，挪用用户资产的风险；也有部分作假及内幕交易风险，比如刷单、做市、做庄；还有流动性不足等问题。

去中心化交易所，是在区块链上直接构建 P2P 的交易市场，用户可以自己保管私钥和数字货币资产，从而解决中心化交易所带来的弊端。去中心化交易所有 EtherDelta、BitShare、0X 等。

随着量化基金和投行等传统金融企业进入数字货币投资市场，衍生品交易所开始发展，从量化交易所、高频交易所到期权、指数和 ETF 等数字货币交易所都开始出现。还有证券类 Token 交易所，可给数字货币投资人带来丰富的投资方式。

这些方面的交易平台，有股权通证交易平台 Tzero、资管量化交易平台 ExTrade、高频交易所 RREX、ETF 交易所 Firstcrypto、期权合约交易所 ValPromise、量化与套利交易所 Rcash 等。基于传统金融团队或者大数据人工智能等不同维度的深入，衍生品交易市场越来越具有交易深度和投资多样性，甚至高频人工智能机器人或交易员都会相继出现。

10 种设计模式的对比图表

	战略定位	客户细分	入口场景	资产价值	共识算法	结构治理	经济模型	模式运营
货币模式	人人自由发币	有资产、有场景、有平台、有想法的人	代币的发行和使用	货币总量和价格	PoW、PoS	Token 的总发行量、软顶硬顶、发售周期、基准数比例以及最低认购贡献（最小认购金额）	货币供给理论；激励机制，比如早鸟计划、赏金计划、糖果	社区、合规、KYC、AML、投资者教育
溯源模式	区块链溯源实现品质控制和追溯	对品质和食品安全有高要求的消费者	扫码追溯	时间周期价值协议	产业数字可信	不发币的联盟链	建立积极主动上链加密确信和追溯共识的生态机制	产业的社区运营和消费者的社区运营
积分模式	让积分成为可增值流通的货币	经常或喜欢购物、有潜力成长为消费狂的消费者	消费挖矿	消费指数	PoC 消费共识	组合：Token 和积分 Coin；糖果、促销、回购等；	会员和会员总数；消费指数；奖金、流动性合约	品牌企业、广告代理、商家、消费者的社区运营
矿机模式	万物皆矿机	共享、参与、开放的投资者	矿机挖矿	与挖矿对应的资产价值	PoX、矿机对应的特定共识	矿机的配置、数量、定价和销售章节	矿机限量，矿机交易市场	矿机的运营、社区
资产模式	资产代币化	有资产、有资源的传统产业	资产上链货币化	对应资产的价值预估	产业资产共识 PoS	资产 Token+数字资产交易平台	传统商品的供给理论；市场需求博弈理论	产业社群、上下游交易以及交易、投资等参与者
数据模式	个人数据货币化	有数据或者使用数据的人	数据交易场景	数据价格指数	数据货币化的定价共识	组合：数据平台代币 Token+交易平台资产 Coin；	个人数据总量；流量价值共识；数据周转率	数据资产交易市场、流量门户、互联网平台

内容模式	让创作者和内容声誉正值钱	有创意和才华的内容创作者	内容资产的声誉评价	内容创作的共识价值	声誉价值协议，PoTt (Trust+time)	组合：内容资产 Token+ 内容代币 Coin；	有形资产和无形资产的供给理论与博弈理论	内容产业的社区、社群
服务模式	服务美好生活	服务需求者和服务提供者	服务预约与交付场景	高品质生活方式指数	生活方式的共识	服务代币．服务合约，产业服务撮合平台	服务运作模型．分级分类	服务生活方式的社区打造，产业社区培育者社区
粉丝模式	让粉丝来投资偶像	粉丝	粉丝的消费和打赏场景	偶像指数，粉丝支持力	PoF 粉丝价值共识	组合：偶像 Token+ 粉丝代币	偶像明星价值体系；粉丝激励机制	粉丝团运营
储存模式	共享一切	有电脑并愿意共享储存空间、带宽资源的人	共享资源	存储量	PoSt 存储量证明	存储量代币	激励共享行为	社区运营

215

5

| 第5章 |

Token 的实现模式

第 1 节　Token 标准协议

Token 代表着数字资产，持有人意味着拥有数据资产，但是如果没有标准化，就只能在自己体系内流通。Token 标准协议是数字资产上链的关键，它定义了不同的 Token 资产接口，从而可以对不同类型的资产进行交易和交换。有了标准协议，才可以跨平台或者跨项目来使用数字资产 Token。在联盟链上，也要定义数字资产 Token 的标准协议，以形成对数字资产的统一认定和可交易、交换。

Token 标准协议借鉴于以太坊的 ERC 系列，比如，ERC-20 是可以重复使用的同质代币模式的标准 Token 接口；ERC-721 是不可置换的非同质代币模式 (non-fungile tokens) 的 Token 接口。基于不同的

标准协议 + 智能合约，来实现跨产业跨链进行数字资产的确权、交易和交换。

在以太坊的发行模式中，ERC-20 是标准化 Token 接口，ERC-721 是非标化 Token 接口，前者适用于发行代币或同质的数字资产（比如水果、粮食等），后者适用于发行不同质有唯一 ID 的数字资产（比如艺术品、智能设备等）。下面我们通过二者的对比来看一下 Token 标准协议如何定义和扩展。

ERC-20 协议

ERC-20 是为以太坊（Ethereum）上的 Token 合约提供的一个特征与接口的共同标准，包括允许钱包显示数以百计不同 Token 的账户余额；创建一个交易工具，只需提供 token 合约的地址就可以将更多 Token 列入表中。本质上来说，一个 Token 合约就是一个包含了一个对账户地址及其余额的映射的智能合约（Smart Contract）。账户余额表示一种由合约创建者定义的值：一个 Token 合约也许使用余额来表示物理对象，或是表示另一种货币价值，还可以表示持有人的名誉。余额的单位通常被称为 Token。

接口说明：

- name：返回这个令牌的名字，比如 MyToken。
- Symbol：返回令牌的符号，比如 HIX。
- Decimals：返回 Token 使用的小数点后几位，比如 8，即将 Token 数量除以 100000000 来表示。
- totalSupply：返回 Token 的总供应量。
- balanceOf：返回地址是 _owner 的账户的账户余额。
- Transfer：转移数量为 _value 的 Token 到地址 _to，并且必须触发 Transfer 事件。
- transferFrom：从地址 _from 发送数量为 _value 的 Token 到地址 _to，

必须触发 Transfer 事件。transferFrom 方法用于提取工作流，允许智能合约代替转移 Token。这可以用于允许合约代你转让代币和 / 或以子货币收取费用。

- Approve：允许 _spender 多次取回你的账户，最高金额为 _value。如果再次调用此函数，它将以 _value 覆盖当前的余量。
- Allowance：返回 _spender 仍然被允许从 _owner 提取的金额。
- Events：事件。
  - Transfer: 当 Token 被转移 (包括 0 值)，必须被触发。
  - Approval: 当任何成功调用 Approve(address _spender, uint256 _value) 后，必须被触发。

ERC-721 协议

ERC-721 简要解释就是 Non-Fungible Tokens，即非互换性资产，也就是不可替、非同质的 Token。英文简写为 NFTS，简单理解为每个 Token 都是独一无二的数字资产。ERC-721 标准下每份资产都拥有一个 uint 256 类型的独立编号。

ERC-721 定义了一种 Ethereum 生态中不可分割的、具有唯一性的 Token 交互、流通的接口规范，该规范本质上是 Ethereum 上的智能合约，依托于 EVM 运行，具有以下特性：

- 在合约范围内，有唯一的 token_id，且只能被一个 owner(所有人) 所拥有。
- 一个所有人可以拥有多个唯一 Token，它的账本只记数量；由另外的存储列表记录 token_id 与所有人的对应关系。
- 唯一 Token 有 Approve、transfer、takeOwnerShip 等接口方法，适于流通的功能，即所属权转移，这些方法是在 ERC-721 标准中定义的。

- 定义一个多地址形式的复合地址来索引该与 Token 对应的元数据（名称、图片、各种信息）；通过 tokenMetadata 方法获取这个多地址（类似 URL 的字符串）从而获取 Token 元数据。
- ERC-721 与 ERC-20 的 Token 有兼容的地方，即 token name, token symbol，这是为了便于 ERC-20 的钱包可以显示 ERC-721 的资产 Token。

接口说明：

- balanceOf：返回由 _owner 持有的 NFTs 的数量。
- ownerOf：返回 tokenId 代币持有者的地址。
- Approve：授予地址 _to 具有 _tokenId 的控制权，成功后要触发 Approval 事件。
- setApprovalForAll：授予地址 _operator 具有所有 NFTs 的控制权，成功后要触发 ApprovalForAll 事件。
- getApproved、isApprovedForAll：用来查询授权。
- safeTransferFrom：转移 NFT 所有权，一次成功的转移操作必须发起 Transer 事件。
- transferFrom：用来转移 NFTs，成功后要触发 Transfer 事件。

ERC-20 和 ERC-721 的对比

对比 ERC-20 和 ERC-721 发现：

（1）ERC-20 的 Token 是加密货币，可被类比为美元或英镑，而 ERC-721 的 Token 是加密收藏品，可被类比为棒球卡或名家字画，具有收藏价值的属性。

（2）ERC-20 是标准 Token 接口，ERC-20 的 Token 可以细分为 10^{18} 份；而 ERC-721 的 Token 最小的单位为 1，无法再分割。

（3）ERC-20 标准，让发行人能够发行自己应用中的专属代币，方便用户使用应用中的服务；ERC-721 标准，把发行人带入到加密收藏品的世界，其中的虚拟物品（如加密猫、游戏装备等）会和真实世界的收藏品一样具有可观的收藏价值。

在产业区块链和联盟链上有更大的想象空间，传统产业的实物资产（real assets）或者金融资产（financial accsets）可以基于 Token 标准协议成为链上的数字资产 Token，金融资产大多通过类似 ERC-20 标准协议进行 Token 化。实物资产一部分基于 ERC-20 标准实现同质 Token，比如水果、粮食、服饰等；一部分基于 ERC-721 标准实现非同质 Token，比如艺术品、智能设备或者带编号的会员卡、高端单个水果等。当然，也可能需要定义其他不同的 Token 接口标准，来满足各种不同资产的上链和 Token 化，实现链上的各类资产的确权、跟踪、交易、审计等，最终形成一个灵活、可信、全面的数字资产交易平台。

第 2 节 Token 金融

传统产业以 Token 为主的数字资产市场，会在产业投资者的不断成熟中逐步进入到理性投资阶段，而通过二级市场和衍生品将继续拓展数字资产投资的交易深度。围绕交易的延伸，发展会有两个方向：一个是数字资产投资的二级市场和衍生品，一个是数字货币的二级市场和衍生品。

数字资产的二级市场和衍生品，主要是探索实物资产上链确权为数字资产后的交易深度。数字资产 Token 的交易不一定要发币，不一定要在数字货币交易所，也可以在数字资产交易平台。

传统产业的实物资产上链确权或隔离打包的 Token 大多是共有所有权或者收益权，Token 与实物资产相对应，可以用代币 Coin 来货币化，也可以不用货币化，通过 Token 的资产证券化或者信托资产包，就可以实现资金打通，或者在数字资产交易平台实现二级市场交易。

比如中信出版社将作者内容创作设计为信托资产，把作家作品上链后的收益权 Token，通过中信证券设计为信托资产，然后发行集合理财产品。这种模式不仅适用于做版权的，也适用于做土地、做单体价值比较高的农产品或畜牧及其他实物资产。

在数字资产交易平台，资产 Token 化与资产证券化类似，将实物资产预期的现金流或收益打包为 Token，这个 Token 就类似理财产品或资产包。只是这个过程不是简单的上链确权，而是要像资产证券化那样对未来的预期现金流或收益进行结构化（优先和夹层），进行隔离、增信，再进一步进行等额切分或份额切片，实现碎片化和小额化（P2P 化），最终转化为可交易的资产 Token。在此基础上，围绕资产 Token 的期货、期权、指数或者一篮子投资，以及 Token 质押融资、P2P 理财等都是可以进一步延伸实现。

实物资产 Token 化的过程非常关键，未来产业区块链的趋势会有一部分是不发币的，而是发 Token、对实物资产进行 ITO（首次 Token 发行），然后在数字资产交易平台（使用法币或数字法币）进行二级市场的交易或衍生品投资，这样可以帮助传统产业快速前置融资。

对于已经存在的币币交易的数字货币交易市场，从保护投资者的角度看，需要在币币交易或者交易所的期货产品之外，提供稳健成熟的数字货币投资的二级市场与衍生品。这个与传统金融的二级市场没有区别，经纪业务、托管业务、资管业务、融资融币、期货期权、指数投资、量化投资等都有市场基础，只是因为数字货币处在野蛮成长期，还没有在监管下有序展开。在熊市背景下推出数字货币基金和二级市场及衍生品业务，可以将监管政策通过智能合约植入进去，也可以给个人投资者一个稳健的数字货币投资选择。

当对冲基金入场数字货币时，对数字货币交易所市场来说是一个标志性事件，国外已经有成熟的数字货币期货、期权和指数产品；量化交易团队以数字货币作为结算手段，是对数字货币看多的一个信号，虽然这可能会基于不同的数字货币，比如有的是稳定币 USDT 等、有的是主流币 BTCETH 等。熊市的数字货币波动大，专业的量化交易团队收益会更可观；再配合场外期权或者掉期等专业交易手法，可以避免数字货币交易的波动亏损。

对于个人投资者而言，他们可以不再是待割的韭菜。他们可以通过数字货币期货、期权、掉期、指数投资或者一篮子投资来进行稳健投资，比如通过看涨和看跌期权相结合来锁定损失范围，通过指数投资或 ETF 来稳健投资。而这些衍生品的设计和发行，可以为交易所提供丰富的交易深度。

部分交易所已经在合规的前提下进行衍生品或高频交易的创新尝试，未来会出现一些类似货币基金的固定收益类配置，也会出现高频交易或者高频量化基金。成熟的二级市场将不会再有盲目割韭菜的情况，而是一批经过教育和洗礼的数字货币投资人在受监管的成熟而丰富的交易市场中投资。

传统产业的区块链化过程，是一个传统与数字世界融合的过程，这是一个必需的过渡期。在没有完全进入完全数字世界之前，传统产业的区块链、Token 与资金（法币）的结合是必然的，而不是完全的数字 Token 与数字代币（Coin）的结合。在这个阶段，从数字资产的角度认识 Token，结合传统经济和金融手段逐步实现数字资产的经济模型和金融衍生服务，这样才是负责而靠谱的产业区块链推进方式。

第 3 节　Token 治理

Token 的治理主要分为链上治理、链外治理和经济模型治理，下面就来分别介绍。

1. 链上治理和链外治理

区块链的治理分链上治理和链外治理，治理往往围绕 Token 和共识展开，所以这种治理也就是 Token 经济治理。在 Token 经济中，有多方参与的利益主体，也有不同类型的资产上链，还要运行不断变化的智能合约，会面临一些利益驱动的恶意行为和有组织的攻击行为，而代码和合约都存在监管和审计的需求。

在公链或者联盟链发布之前，就要设计完整的 Token 经济模型和治理机制，包括激励和惩罚机制。Token（代币）经济模型可以维持链的运转，激励正向行为惩罚反向行为，使用经济手段提高作恶成本，阻止攻击行为，对交易收取费用来用于区块链的治理；治理机制包括各种智能合约，比如用投票合约来进行重大事项投票公决，如链共识的更改、链参数的更新、链系统合约的升级、智能合约及合约法律的升级。

并不是所有治理都可以链上实现，链下治理也很关键，而且很多观点认为链上治理有问题。一个链会分很多角色，有初始团队，有核心开发者，有链的基金会，有链的社区，也有用户和持币者，还有矿工或者矿池。区块链的治理如果在链上，可能会被持币者或者矿池所把持，从而不能体现公平互惠的原则。

区块链的链上决策，将会收到大额持币者或者把持矿工的矿池的影响，甚至受到 51% 算力的恶意攻击；对决策和投票的激励，不足以吸引参与者，也很难参与者放弃代币的利益而去追求公平性或者社区最初的方向；在区块链上很难对各方利益进行协调，持币者和矿池追求的是代币利益最大化，核心开发者共识和社区追求的是非功利的方向，矿工和初始团队也有各自的立场；不排除为了追求利益最大化，把持矿工的矿池集团会联合发起 51% 算力攻击。

有一个典型的案例，以太坊的升级并不取决于以太坊基金或者创始人，从治理角度来看，很难评判这是好事还是坏事，因为只有创始人是非功利的。

2. 经济模型治理

从大治理角度来看，经济模型的设计和货币政策也可以纳入 Token 治理范围。Token 的经济模型前面有分析，核心是 Token 的发行模式，包括如何确定价值总量、如何进行定价。传统产业的 Token，需要有个算法来锚定某个资产的持续发行，而不能像空气币一样。其他的赏金计划、激励机制及回购、销毁、增发等货币政策，都是一样的。

经济模型治理的关键在于，是否能够准确预测人们的行为，在链上制定经济规则并用代码或智能合约对其进行编码。比如数字资产货币政策通胀还是通缩，定义政策，确定发行总量与供应并与货币挂钩；定义财政政策，确定区块大小；定义税收注册，确定交易收费或燃料消耗；定义类政府治理机制，确定投票决策和共识升级机制；制定共同防御机制，保护数字资产网络。

从经济模型角度看，我们希望有一批懂产业的人持续持有和投资 Token，所以激励机制的组合设计非常关键。从吸引产业投资人进入的奖励，到使用 Token 的激励，再到对长期持有或者持续投资交易 Token 进行激励或者利润分享都要进行设计，从而建立起一个有机的生态体系。

一个稳定运行的区块链系统会造成一个经济和金融体系，这离不开对在其中运行的经济交易的持续审计和监管，以杜绝违法合约和交易行为，比如客户的尽职调查，以符合 KYC 监管要求；对资金出入进行监控和分析，以满足反洗钱监管要求；同时，还可以基于区块链交易数据的大数据智能分析实现对区块链的有效治理。

第 4 节　Token 原则

为了能够规范和合规 Token 的设计和发行，与货币模式和类证券的股权等模式进行区隔，设计一个能够符合法律和监管准则的 Token，因此本节借鉴整理了产业区块链的 Token 分类原则，希望能够为传统产业发行 Token 提供基本框架，并帮助建立 Token 发行人、合作伙伴、客户以及投资人、公众消费者之间的信任。但是要注意，一个 Token 是否成功，并不取决于发行人或者单个参与者应用哪些原则，而是需要整个社区或产业的共同努力。

该原则框架提供了两个维度：原则和建议。原则是核心模块，是每个 Token 项目都必须努力完成的目标；建议是指导模块，是建议 Token 项目进行披露的指导内容。当然，原则框架视 Token 具体情况而定，不一定要照搬。但是每个 Token 项目及其社区，应该实事求是或者公正公开地描述项目正在应用的方面，及时更新或者分享材料，这样有利于提高透明度从而协助投资人对项目进行评估。

1. Token 设计

（1）**原则**：Token 设计时，应该可用并具有 Token 的固有特征。

- 确保 Token 的内在特征，不包括股权所有权、基金权益、被动获得的股息权利或金融工具的其他特征；
- 确保 Token 本质上是消费性的，即 Token 描述或提供的是对商品、服务和 / 或内容的访问；
- 确保 Token 可按预期使用。

（2）**建议**：描述 Token 的内在特征和操作。

2. Token 项目管理和运作

（1）**原则**：Token 项目应该有一个合理且透明的治理结构。

- 为项目确定适当的组织和治理结构并定期对其进行审查以改进；
- 确保参与项目的关键人员能够胜任其角色；
- 密切跟踪并提供 Token 项目的进展和资金的使用情况，并保持透明度。

（2）建议：

- 描述项目如何运营和由谁来管理；
- 描述控股或运营公司，包括其运营地点；
- 项目中关键人员的身份和背景；
- 说明项目或项目的某些部分是分布式还是中心化的，是开源的还是封装的；
- 项目路线图，包括关键技术和项目里程碑事件；
- 定期更新项目进展，里程碑事件的实现和资金使用情况。

3. Token 分配

（1）**原则**：Token 分配应该有序、公平并透明。

- 尽量减少或避免以下做法：

  - 普惠公平，不为有财富或有购买力的人额外提供奖金、折扣和其他优惠；
  - Token 分发给不了解或不打算使用 Token 的个人；
  - Token 销售数量超过了投资人可承受的成本和风险。

- 确保所有 Token 分发的条款都是透明的。

（2）**建议**：

- 说明 Token 分配的目的；
- 说明分发 Token 的合法身份（如果需要）；

- 设立投资人准入门槛，满足条件才有资格购买或接收 Token；
- 拟定说明 Token 分配比例（包括创始人、员工和顾问）的条款，例如支付的价格和收到的 Token 数量以及任何锁定、归属或转账限制；
- 项目在 Token 分发时的状态和进度；
- 说明限制分发给非预期目标用户的方法；
- 说明对 Token 二级市场交易的计划或者限制。

4. Token 分配目的

（1）**原则**：Token 分配的目的和收益的预期计划应该是透明的。

- 定义对 Token 收益的预期访问和使用；
- 确保项目资源仅用于项目目的而不是个人利益；
- 根据项目进度重新评估和更新计划。

（2）**建议**：

- 说明计划和实际使用收益的功能用途；
- 说明 Token 的销售收益；
- 定期更新项目进展和资金使用情况；
- 披露团队成员的薪酬。

5. Token 供应

（1）**原则**：项目应定义 Token 供应参数并严谨管理库存资产。

- 定义管理 Token 总供应量或库存的规则，即如何创建新的令牌或销毁现有的令牌；
- 确定可能影响 Token 流通数量的因素，如锁定期和转移限制；
- 定义由项目或相关实体保留的 Token 库存管理。

（2）建议：

- 说明 Token 初始供应总量以及供应量将如何或可能随时间如何变化；
- 说明 Token 总供应量与流通量之间的时间差异或因为锁定等因素的波动。

6. Token 冲突

（1）**原则**：缓解冲突和不当交易，努力在任何二级市场创造公平的竞争环境。

- 项目应确定，管理和缓解利益冲突；
- 采取措施防止基于重要、非公开和机密信息的 Token 交易；
- 避免设计不恰当或人为操纵 Token 价格。

（2）**建议**：

- 说明为识别、管理和缓解利益冲突而采取的步骤；
- 采取措施防止 Token 交易不当。

7. Token 安全

（1）**原则**：确保投资人的 Token 安全。

- 确保项目通过了对所有智能合约的充分严格的第三方审计；
- 实施有效的 Token 和项目安全保障机制；
- 及时通知投资人技术上的任何安全风险或漏洞。

（2）**建议**：

- 对 Token 和相关代码做独立技术审计的报告；
- 建立通知用户每一项安全风险和 / 或漏洞的机制；

- 链接到项目 github 库。

8. Token 营销

（1）原则：营销应公平，应能准确反映项目和产品。

- 确保所有产品广告是公平的，并避免误导消费者；
- 避免将 Token 作为财务投资进行推销；
- 避免用套利来鼓动投资人在二级市场上投机性地重复交易。

（2）建议：

- 采取措施遵守本文件中列出的营销原则；
- 链接到项目网站和社交媒体（例如电报、Twitter、LinkedIn、Reddit 等）；
- 建立识别问题的机制，比如寻找或纠正错误的赏金计划。

9. 保护和赋权投资人

（1）原则：Token 项目应该保护和赋予其客户权利。

- 酌情实施全部或部分纠正或退还客户的有效机制，包括项目取消或放弃的规则；
- 实施与客户数据相关的隐私政策；
- 实施有效的客户认可机制和为项目贡献的激励机制；
- 确认投资人可以享受的责任和权益。

（2）建议：

- 描述 Token 持有者的权利和义务；
- 说明如果项目缩小或取消，客户如何获得退款；
- 描述可能导致 Token 销售全部或部分逆转的情景；
- 说明隐私政策。

10. Token 合规性

（1）**原则**：Token 项目和发行人应该努力（在复杂且当前不断变化的监管环境中）遵守适用的法律，包括证券监管、数据隐私、反洗钱法和税法等。

- 遵守适用司法管辖区的证券法规；
- 遵守适用的税法；
- 遵守适用的数据保护和隐私法（例如欧洲新规 GDPR）；
- 遵守适用的客户身份验证（KYC）和反洗钱（AML）等法律。

（2）**建议**：

- 诚信声明以确认 Token 和分销适用的法律和法规，包括证券监管、数据隐私、KYC、反洗钱法和税法；
- 声明项目是否已收到有关其诚信声明中概述事项的法律和其他专业意见。

区块链与通证：重新定义未来商业生态

作者：杨昂然 黄乐军

Token经济入门书，孟岩、赵东、郭宇航等专家力荐。

本书从必备常识、生态系统、经济系统设计、监管政策和法律风险等5个维度构建了一个相对完整的区块链通证（Token）知识谱系，涵盖科技、经济和商业多个方面。理论层面，对通证的基本概念、定义、原理，以及通证经济系统的设计方法论进行了清晰梳理和详细讲解；实战层面，对多个案例进行了深入分析，在兼顾便于理解的同时，也能更好地指导读者进行通证化实践。

Token经济设计模式

作者：叶开

Token经济进阶书，元道等20余位来自币圈、链圈、学术界、媒体界、企业界、投资界的专家力荐。

这是一部Token经济系统设计的科学方法论，为新兴的区块链项目和传统产业的区块链升级提供理论和实践两个层面的指导。

作者是Token经济和传统产业数字化转型两个领域的资深专家，是先行者和实践派。在本书中，他发明了画布式Token设计方法，归纳出了一套系统的Token设计方法论，最后在二者的基础上总结出了10大Token经济设计模式。